# 高中心理健康教育研究

周 红 著

延吉·延边大学出版社

图书在版编目（CIP）数据

高中心理健康教育研究 / 周红著. -- 延吉：延边大学出版社，2023.11
　　ISBN 978-7-230-05947-3

Ⅰ.①高… Ⅱ.①周… Ⅲ.①心理健康－健康教育－教学研究－高中 Ⅳ.①G444

中国国家版本馆 CIP 数据核字（2023）第 225825 号

## 高中心理健康教育研究

| | |
|---|---|
| 著　　　者： | 周　红 |
| 责任编辑： | 李　真 |
| 封面设计： | 文合文化 |
| 出版发行： | 延边大学出版社 |
| 地　　　址： | 吉林省延吉市公园路977号　　邮　编：133002 |
| 网　　　址： | http://www.ydcbs.com　　E-mail：ydcbs@ydcbs.com |
| 电　　　话： | 0433-2732435　　传　真：0433-2732434 |
| 印　　　刷： | 延边延大兴业数码印务有限责任公司 |
| 开　　　本： | 787毫米×1092毫米　1/16 |
| 印　　　张： | 11.25 |
| 字　　　数： | 200千字 |
| 版　　　次： | 2023年11月第1版 |
| 印　　　次： | 2023年12月第1次印刷 |
| 书　　　号： | ISBN 978-7-230-05947-3 |

定　　价：49.80元

# 前　言

高中心理健康教育研究是对在高中阶段进行心理健康教育的相关问题进行深入探索和研究的领域。随着社会的发展和教育观念的转变，学生心理健康的培养和促进得到了越来越多的关注。高中阶段是学生身心发展的关键时期，也是他们面临各种压力和挑战的阶段。基于此，本书内容将探索如何有效地开展心理健康教育、提升学生心理素养、预防和干预心理问题，并为高中心理健康教育的实践提供理论支持和指导。

本书共有四章。第一章内容探讨了高中心理健康教育的概述、必要性和重要性，以及设定目标与任务，并深入研究该领域的功能与作用。第二章内容重点关注高中心理健康教育课程的设计，分析课程的内涵与理论基础、要求等，通过活动设计来促进学生的心理健康，对高中心理健康教育教材进行重点分析与思考，以确保教材能够有效地支持教学实践。第三章内容研究了高中心理健康教育的其他途径和方法，包括校园专题活动、个别心理辅导、心理社团活动、学科教学渗透心理健康教育以及班级管理渗透心理健康教育等，通过多样化的方式来提供心理健康教育的支持和帮助。最后一章内容强调了家校合作在高中心理健康教育中的重要性，探究家庭教育对学生心理发展的影响，并介绍如何借助不同形式开展家庭教育指导活动，使家庭和学校共同努力，共同促进学生的成长和发展。

在完成本书《高中心理健康教育研究》的过程中，作者要对众多学者和专家表示由衷的感谢，他们的杰出工作和研究为本书提供了宝贵的参考和指导，为本书提供了坚实的基础。尽管作者在本书中尽力遵循学术规范和权威引用，但仍然存在自身学术水平有限的局限性，对于这些不足之处，作者深感抱歉，并诚恳希望读者们能够在阅读时给予谅解。最后，作者要再次向所有为本书研究提供支持和帮助的人表示最衷心的感谢，愿我们共同努力，为高中心理健康教育事业的发展作出更多的贡献。

# 目 录

## 第一章 高中心理健康教育概述 … 1

第一节 心理健康教育的必要性 … 1
第二节 心理健康教育的重要性 … 8
第三节 心理健康教育的目标与任务 … 20
第四节 心理健康教育的功能与作用 … 23

## 第二章 高中心理健康教育课程的设计 … 27

第一节 心理健康教育课程内涵与理论 … 27
第二节 心理健康教育课程的设计要求 … 60
第三节 心理健康教育课程目标设计 … 70
第四节 心理健康教育课程内容设计 … 73
第五节 心理健康教育课程活动设计 … 77
第六节 高中心理健康教育教材的分析与思考 … 101

## 第三章 高中心理健康教育的其他途径和方法 … 126

第一节 高中心理健康教育校园专题活动 … 126
第三节 个别心理辅导 … 128
第四节 心理社团活动 … 130
第五节 学科教学渗透心理健康教育 … 134

第六节　班级管理渗透心理健康教育 …………………………………… 140

## 第四章　高中心理健康教育——家校携手、共促成长 …………………… 142

第一节　家庭教育对于学生心理发展的影响 …………………………… 142
第二节　借助不同的形式开展家庭教育指导活动 ……………………… 159

**参考文献** ………………………………………………………………………… 172

# 第一章 高中心理健康教育概述

## 第一节 心理健康教育概述

### 一、科学健康观的演变

随着社会的不断进步和人们对生活质量的追求，心理健康问题日益凸显。过去，人们对健康的认识主要侧重于身体健康，而忽视了心理健康的重要性。然而，随着心理学的发展和心理健康问题的突出，科学界逐渐意识到心理健康与整体健康密切相关。

科学健康观的演变是指在认识和理解健康概念方面的变化。从最初将健康仅仅定义为无疾病状态，到现在将健康视为身体、心理和社会各个层面的协调发展。这种演变使得心理健康逐渐成为人们关注的焦点之一，并引起了各界对心理健康教育的重视。

#### （一）心理健康教育的定义

心理健康教育是指通过系统的教育活动，向个体传授有关心理健康知识和技能，以提高个体的心理健康水平和适应能力。它旨在帮助个体更好地认识和理解自己的情绪、情感和压力，学会有效地应对各种心理问题和挑战。

### （二）心理健康教育的必要性

#### 1.提升个体的认知水平

心理健康教育可以提高个体对心理健康问题的认知水平。通过学习心理健康知识，个体可以更好地了解心理健康问题出现的原因、症状和处理方法，从而避免或减少不必要的焦虑和紧张。

#### 2.增强个体的心理抵抗力

心理健康教育有助于个体增强心理抵抗力。通过学习应对压力和困难的技巧，个体可以更好地应对生活中的各种挑战。心理抵抗力的提升能够减少心理健康问题的发生率，并增加个体面对困境时的自信和勇气。

#### 3.培养积极心态和情绪管理能力

心理健康教育可以促进积极心态和情绪管理。通过学习积极心态的培养和情绪管理的技巧，个体可以更好地调节自己的情绪状态，更好地适应环境和应对压力。积极心态和良好的情绪管理能够提高个体的幸福感和生活质量。

#### 4.提升人际关系质量

心理健康教育对于提高人际关系质量也具有重要意义。通过学习沟通技巧、解决冲突的方法以及尊重他人的重要性，个体可以建立更健康、和谐的人际关系。良好的人际关系对于心理健康和幸福感的提升至关重要。

## 二、健康新标准

根据世界卫生组织关于健康概念的阐述发展变化，本书认为健康包括人的生理健康、心理健康、社会适应良好及道德健康。为了加强人们对健康的认识，世界卫生组织给出了健康的十条具体标准。

（1）充沛的精力，能从容不迫地担负日常生活和繁重的工作而不感到过分紧张和疲劳。

（2）处世乐观，态度积极，乐于承担责任，事无大小，不挑剔。

（3）善于休息，睡眠好。

(4) 应变能力强，能适应外界环境中的各种变化。

(5) 能够抵御一般性感冒和传染病。

(6) 体重适中，身体匀称，站立时头、肩、臂位置协调。

(7) 反应敏锐，眼睛明亮，眼睑不发炎。

(8) 牙齿清洁，无龋齿，不疼痛，牙龈颜色正常，无出血现象。

(9) 头发有光泽，无头屑。

(10) 肌肉丰满，皮肤有弹性，走路轻松匀称。

从上面这十条标准，我们可以看出，健康包括身体健康和心理健康两个方面，它们相互补充、相互联系，缺一不可。同时，身体健康和心理健康又相互影响，具有统一性。当人的身体生病时，其心理也会受到影响，表现出烦躁不安、情绪低落、容易发怒等心理不适；同样，长期的心情抑郁、焦虑、悲伤也会导致身体的不适，医学上称之为身心疾病。

## 三、心理健康的概念与标准

### （一）心理健康的概念

尽管人们对心理健康的认识越来越深入，但是对心理健康的界定至今仍然众说纷纭。不同的学者对心理健康的表述角度各不相同，有的学者从社会适应的角度定义，有的学者从社会分布的角度定义，有的学者从社会理想的角度定义。另外，在不同的地区、不同的社会文化范畴内，人们对心理健康的认识也不一致。当然，这一现象存在更深层次的原因，心理健康与不健康之间事实上并不存在截然的界限，无绝对的明确标志，因为它们之间存在着从量变到质变的连续谱系。精神病学家卡尔·孟尼格尔（Karl Menniger）认为，心理健康是指人们对于环境及相互之间具有最高效率以及快乐的适应情况。不只是要有效率，也不只是要有满足之感，或是能愉快地接受生活的规范，而是需要三者同时具备。心理健康者应能保持平静的情绪，有敏锐的智能，适应于社会环境的行为和令人愉快的气质。

综上所述，本书认为心理健康是指一种持续的积极发展的心理状况，在这种状况下主体能够表现出良好的适应性，能充分发挥身心潜能，而不仅仅是没有心理疾病。从这一界定出发，大致可以将心理不健康的人分成两个层次：第一层，主体没有心理疾病（心理障碍），但是未能表现出良好的适应或者未能充分发挥身心潜能；第二层，主体表现出重要的临床行为或心理模式，存在心理障碍。

### （二）心理健康的标准

心理健康是一种理想化的心理状态。如何对这种理想化的心理状态进行评估？用什么样的标准来衡量一个人心理健康的状态？在研究和制定高中学生心理健康的标准时，笔者参照了国内外一些心理学专家对心理健康标准的论述，结合高中学生的具体情况，认为高中学生心理健康标准应该包括以下九方面的内容。

#### 1.智力正常

智力正常指具有正常的感知、记忆和思维能力，是人的观察力、注意力、记忆力、想象力、思维力、创造力及实践活动能力等要素的综合体现。智力是人们学习、生活、工作的基本心理条件，也是适应环境变化必备的心理保证。智力是否正常，常表现于其是否正常、充分地发挥了自我效能。智力水平一般用智商反映，通过智力测试获得结果，不同的智力测试量表根据自身的测量体系及结果分析，有自身的分级体系。

#### 2.自我意识良好

自我意识就是一个人对自己的认识，包括对自己生理状况、心理特征及自己周围人的关系等各方面的认识。人们要通过多种渠道认识自己，既要了解自己的长处，也要认识自己的短处，能客观公正地评价自己，摆正自己的位置，既不因自己的优点而自傲，也不因自己的缺点而自卑，接受自己的不足，悦纳自我。做好自我控制、自我监督，自尊、自爱、自强、自律，不断提升自我，提高自己的心理健康水平。

#### 3.情绪积极、稳定、适中

根据情绪带来的体验，一般把情绪分为积极的情绪和消极的情绪。积极的情绪带来愉悦的体验，而消极的情绪带来痛苦的体验。健康的人乐观开朗，情绪稳定，能保持良好的心境，既能克制又能合理宣泄自己的情绪，情绪的表达既符合社会的要求又符合自身的需要，在不同的时间与场合有恰如其分的情绪表达，能有效地控制、调节、转移消极情绪，避免消极情绪对自己的伤害，对生活和未来充满希望。在日常生活中，人们要以积极的情绪为主，善于调节消极的情绪，维持稳定、适中的积极情绪，使整个身心处于积极向上的发展状态，对一切充满信心和希望。

4.人际关系和谐

人际关系和谐是心理健康的重要保证。其表现为：敢于与人交往，乐于与人交往，善于与人交往，既有广泛的人际关系，又有知心朋友。在交往中能保持独立，能用真诚、宽容、理解、信任的态度与人相处，善于取人之长，补己之短，宽以待人，乐于助人，与集体保持协调的关系，能正确处理矛盾、化解矛盾、解决人际冲突，能从各种人际关系中得到温暖、友情、爱的体验，从而对生活充满信心。

5.理想积极适中

理想是对未来生活的向往，对未来发展目标的追求，是人们对未来的一种可能实现的想象。理想是灯，照亮前行的路；理想是舵，指引前进的方向。高中学生正处于青春期，理想对高中学生的成长起着主导的作用。正向适中的理想可以帮助高中学生确定正确的人生方向，成为国家有用的人才，为社会贡献自己的力量；可以使其明确学习目标，保持学习动机，提高学习效率。但如果其理想过于远大，不切合实际，违背社会主流价值，其将偏离正确的发展航向，一事无成。

6.意志健全

意志是指完成一种有目的的活动时进行的选择、决定与执行的心理过程。行动的自觉性、果断性和顽强性是意志健全的重要标志。意志健全的人对行动目标有清楚的认识，并能有意识地支配和控制自己的行动，能明辨是非，适当而果断地做出决策并付诸实施，能不断调节自己的行为以适应环境。在困难面前，意志健全的人能采取合理的方式，能在行动中控制自己的情绪和言行，顽强拼搏，永不言弃。

7.行为恰当

人的心理行为随着年龄的增长而不断变化。在人生的不同年龄阶段，都有相应的心理行为表现。心理健康的人，其认识、情感、意志、行为都是符合其所处年龄阶段的基本特征的。高中生处于特定年龄阶段，应当具有与其年龄和角色相适应的心理行为特征，应体现朝气蓬勃、精力旺盛、勤学多问、积极进取、勇于创新的行为特色，而不是表现出遇事依赖、不善思考、天真幼稚的心理行为。

### 8.社会适应正常

适应能力是衡量心理健康的重要特征。社会适应正常的个体能正确认识客观现实环境,能应对环境中的各种困难,能根据环境的特点和自我意识的情况进行协调。高中生要与社会保持良好的接触,要对社会现状保持正确认识,其思想和行动要跟得上学校、社会的要求,与时代发展相一致,当发现自己的需求、愿望与社会需求相矛盾时,要能够迅速进行自我调节,适应社会的变化。

### 9.人格完整

人格是指个体的整体精神面貌,是具有一定倾向性的心理特征的总和。人格的各种特征是有机合成的一个整体,对人的行为进行调节和控制。人格完整是指有健全统一的人格,个人所想、所说、所做都是协调一致的。人格完整包括人格结构和各要求的完整统一,即个体具有正确的自我意识,不产生自我同一性混乱,将积极进取的人生观作为人格的核心,并以此为中心把自己的需要、目标和行动统一起来。

心理健康标准是一种理想的尺度,是人们追求的心理成长目标。在追求心理成长的过程中,心理健康水平是一个不断发展变化的过程,随着时间的推移、环境的变化及自身的成长,每个人的心理健康状态都会发生变化,心理健康标准只是一种衡量尺度,它反映了人们在适应社会生活方面应具备的心理条件,而不是心理健康的最高境界。心理健康的基本要求是心理各方面的均衡发展,是个体与环境的协调,以形成完善的人格品质为最终目的。因此,对心理健康内涵的深度把握,对心理健康标准的正确理解与运用,都需要弄清心理健康本身的特点。

## 四、开展心理健康教育的意义

在日常生活中,每个人都有两个基本心理需求:一是解决心理与行为上的种种冲突、障碍与困惑;二是充实自我、完善自我,维护心理健康,提高生活质量。在现实生活中,人们并没有将这种内在的心理需求与心理学联系起来,笔者认为不管是为了适应社会的需要还是为了心理学学科的发展,都需要有一种应运而生的"心理健康教育"。

关于对"心理健康教育"的理解,有这样的一个故事,很能说明其深刻的内涵:有三个钓鱼的人,聚在一个河潭边钓鱼,钓鱼时他们发现有人从上游被冲进水潭,正挣扎着求救。其中一个人跳入水中把落水者救上来,并用人工呼吸等方法予以抢救。但在这时,他们又见到另一个被冲下来的落水者,另一个人又跳入水中把他救了上来……可是,他们同时又发现了第三个、第四个和第五个落水者,这三个人已经手忙脚乱、筋疲力尽了。此时,有一个人似乎想到了什么,他离开现场去了上游,劝说人们不要在这里游泳,并且在入水处插上一块木牌以示警告。可是,仍有无视警告者被冲入水潭,三个人仍然要忙于从水中救人。后来,其中一个人最终似乎醒悟了,他说这样做仍然不能从根本上解决问题,他要去教会人们游泳。这是解决问题的关键,因为有了好水性,那么即使人被冲下深水或急流中,也能够独立应对,不至于深陷危急中甚至付出生命了。

这个故事中有许多道理。如果以这个故事来比喻心理咨询与治疗,第一步,跳入水中抢救落水者的工作就好比心理治疗,这是一项艰巨而充满意义的工作。但心理治疗往往需要花费治疗者相当多的时间和精力,被治疗的人往往感受着深刻的痛苦和不安。第二步,有人去上游对人们进行劝说,这就好比是心理咨询,这也是一项充满意义的工作,但一般来说,它也只是对来咨询者发挥影响。第三步,那位最终醒悟了道理的人,那位立志要去教人们游泳的人所做的工作,就好比是"心理健康教育"。他找到了"落水者"需要被抢救的根本原因——水性不好,并着眼和致力于从教会人们游泳这一根本原因上来解决问题。

心理健康教育以实现心理学自身的意义和价值为目标,以培养和完善人格,提高人们的心理素质,提升人们的生活质量为目的。在一般意义上,它包括心理咨询与辅导,但是以主动的心理预防为主,治病于未病,防患于未然。心理健康教育不是将自己的服务局限于一些具有心理疾病的特殊对象,而是面向所有的人,面向所有普通与正常的人。它是一种特殊的教育,是一种以心理学为主体的教育。心理健康教育尤其重视儿童、青少年的教育,就像"钓鱼的人"找寻到了"溺水者"的上游,心理健康教育也应从人的"上游"童年和青少年做起。大凡成人所表现出来的心理疾病,或多或少来源于童年、青少年的体验和遭遇。

"水性的好坏"对于"落水者"是至关重要的,"心理素质"对于一个人的生活也有着同样的意义。心理素质将在很大程度上决定一个人的心理健康状态，而心理健康的状态又会决定与影响一个人的整体的健康状态；心理素质将在很大程度上决定一个人对生活的感受，这种感受又将决定一个人的终身幸福。就意义而言，心理健康教育体现为三个层面的价值：心理健康的维护、心理素质的培养、生活质量的提升。

## 第二节  心理健康教育的背景和重要性

### 一、学生常见的心理困扰

#### （一）人际冲突

人际关系是人与人之间通过交往和相互作用而形成的直接的心理关系，其直接影响一个人的心情和学习状态。处于青春期的高中生敏感、冲动，很容易就会与同学、父母或者老师发生冲突和矛盾。矛盾与冲突是怎样产生的？我们又应该怎样去处理呢？

人际冲突，必然是双方相互用力的结果。因此，在冲突产生后要反思自身的问题，我们控制不了别人，但可以做好自己。此外，在毫无征兆的情况下如果一方突然收力，另一方就可能摔倒，这说明解决冲突需要沟通。沟通是建立和谐人际关系的桥梁，沟通要从心开始，一方面，要对自己敞开心扉，自我暗示、自我欣赏；另一方面，要向他人敞开心扉，学会理解别人，很多冲突就是因为缺乏沟通，缺乏理解才产生的。

## （二）考试焦虑

考试焦虑是人由于面临考试而产生的一种特殊的心理反应，它是在应试情境刺激下，受个人的认知、评价、个性、特点等影响而产生的以对考试成败的担忧和情绪紧张为主要特征的心理反应状态。心理学研究发现：中等、适度的焦虑能够得到最佳的学习成绩，焦虑水平过高或者过低都会影响考试成绩。因此，在面临高考的巨大压力下，高中生要学会自我调整、自我缓解压力。可以采取以下方式：

### 1.自我暗示法

自我暗示具有巨大的作用。例如，当考试焦虑时，可以多对自己说："我可以，我行的，我一定能发挥自己的最佳水平。"这会让自己平复心情，从容应对考试。

### 2.睡眠消除法

事实证明，很多临考学生的"考试焦虑"是由于学习过度疲劳、睡眠不足引起的。高中生要养成良好的作息习惯，不宜熬夜苦读，要养成中午小睡的习惯。充足的睡眠可以消除大脑疲劳，保持充沛的精力和清醒的头脑，以大大提高学习效率。

### 3.发泄法

发泄法包括运动发泄法和情绪宣泄法。高中生感觉自己非常压抑的时候可根据自己的实际情况跑跑步、打打球。因为运动可以消除一些令人紧张的化学物质，虽然会使肌肉疲劳，但可以放松神经。情绪宣泄是缓解压力、保持心理平衡的重要手段，可采用以下方法：聊天法，即通过向亲人或朋友述说自己的积怨，倾诉的同时让自己的内心得到调整；哭笑法，如果内心憋得难受，又无法与人倾诉，应当找一个适宜的地方，放声大哭或大笑，以宣泄自己内心的不平；书面释放法，可以用写日记或书信的方式，释放自己的苦恼。

### 4.兴趣消除法

人们在从事自己感兴趣的事情时，整个身心都会投入进去，进入一种物我两忘的境界，什么忧愁烦恼都会抛到九霄云外。因此，当感到过度紧张时，学生可做一些感兴趣的事情，如唱歌、画画、听音乐等，都可以消除疲劳，化解烦恼，远离考试焦虑情绪。

### （三）青春期心理方面

一是情绪化心理严重。青春期是人由童年到成年的过渡期，青春发育期的生理剧变，必然引起中学生情感上的激荡，中学生情感既丰富又脆弱，遇到一些刺激就会表现出爱哭、爱笑，喜怒无常；易急躁、易冲动、自我失控等状态。

二是青春期闭锁心理。中学生若在消极情绪控制之下，封闭与外界的任何心理交流，将是一个值得注意的征兆。

三是早恋。这是时下最为麻烦的问题。特别是高中生正值青春发育期，而这一时期最突出的矛盾之一是性发育迅速成熟与性心理相对幼稚的矛盾。高中生自身的生理发育日趋成熟，对异性的渴望不断加强，导致出现"早恋"问题，导致学习成绩直线下降。由于走进了恋爱的误区，心理冲突加剧，会产生种种心理的病态反应。高中生正处于人生最美好的年纪，他们活泼、开朗、富有激情和朝气，然而在这充满朝气的季节，也会时常飘落着苦涩的花瓣雨。高中生一方面要学会自我调节、自我疏导，另一方面也需要得到老师、同学、家长等的帮助。

## 二、学生的自我成长

### （一）悦纳新的环境

每个高中生在进入高中之前，在内心已经描绘出了一幅关于学校的美妙蓝图，但是这个蓝图有时候过于理想化、主观化。不管自己是抱着什么样的心态和感受走进学校的，也不管现实的学校与理想的学校之间有多大的差距，都必须首先学会承认和接受当下的现实，然后再对心中的"理想国"进行调整，逐步回归现实，减少内心的落差和失衡。"这山望着那山高""风景那边都好"的心态并不总是催人奋进的良药，有时候它可能会成为摧毁你的意志和努力的"迷魂药"。泰戈尔曾经说过，"如果错过了太阳你流泪，那么你也将错过月亮和星辰"。

### （二）确立合理的目标

理想的目标是人类生活的动力，目标对于学生的适应与发展具有极其重要的作用。对于高中阶段的学生来讲，上高中是一个阶段性的目标，在达成目标时可能会沾沾自喜。但进入高中后要及时设立下一阶段目标，这样才能更好地促进学习。

### （三）养成良好的习惯

习惯是因为重复或联系而巩固下来的自动化的行为方式。健康有序的生活习惯会使学生生活规律、精力充沛、身体健康，从而高效率地完成繁重的学习任务。

### （四）调节不良的情绪

个体的消极情绪必须得到有效的宣泄才能保持心理的平衡。如果抑郁的情绪得不到发泄，随着挫折的增多，消极情绪就会不断积累，最终超过人们的心理承受能力进而导致心理失衡。学会排解负面情绪是一种非常重要的心理调节方法。这种方法就是人为创造出一种情境，表达、发泄自己被压抑的情绪，通过宣泄达到心理平衡。如果得不到及时的宣泄，轻者会情绪低落，重者则会产生恐惧、焦虑、烦躁等情感障碍，影响个人的适应与发展。

高中生要逐步学会根据自己的需要调节自身的情绪，具体体现为以下几个方面。

1. 不要苛求自己

俗话说："希望越大，失望也就越大"。在现实生活中，不少人的挫折感来源于对自己的期望值过高，过于苛求自己。因此，我们要学会以平和的心态待人处世，学会给自己留下一定的空间，把目标锁定在力所能及的范围之内。而不是好高骛远、四处出击，要求自己事事超过别人。同时，对任何人、任何事情的期望值都不必太高，这样，当事情的发展脱离了预设的轨道时，就不会产生强烈的挫败感。

2. 学会妥协

人的一生会有许多愿望和追求，但由于主客观条件的限制，不可能一一实现，因此就需要学会放弃和妥协。否则，我们就会被这些欲望和目标拖累，失去人生的洒脱和生活的乐趣。就像一个登山者，若一心想登上顶峰而急于赶路，结果忘记了欣赏沿途的风景，那么登山的乐趣也就无从体现，即便站在山顶，想想自己的付出与所得，也会有不平衡的感觉。

### 3.学会自我安慰

自我安慰也称合理化辩解。个体遭受挫折后,为了维护自尊,减少焦虑,就会找出种种理由为自己辩解,增加自己行为的合理性和可接受性,以起到减轻心理压力、获得自我安慰的作用。合理化的辩解有助于精神安慰。在社会生活中,人们的需要不可能全部获得满足,进行自我安慰可以使人的内心达到平衡。要学会和境遇不如自己的人比较,不要总是与比自己强的人比较,那样会加重心理不平衡。所谓"酸葡萄理论"和"甜柠檬理论"就是自我安慰的方式。

### 4.运用心理调节方法

心理学上关于自我调节的方法有很多,学生完全可以通过自我学习或者通过心理课堂学习等途径掌握,主要有自我暗示法、自我宣泄法、自我放松法、移情转移法、顺其自然法等。

## 三、心理健康教育的重要性

《中共中央、国务院关于深化教育改革全面推进素质教育的决定》中明确指出,要加强学生的心理健康教育,培养学生坚韧不拔的意志、艰苦奋斗的精神,增强青少年适应社会生活的能力。中小学开展心理健康教育,既是学生自身健康成长的需要,也是社会发展对人的素质要求的需要。

近年来,由于社会发展带来的种种变化,我国学校教育和儿童发展事业受到了冲击和挑战。调查表明,在我国中小学生中间,约 1/5 的儿童青少年存在着不同程度的心理行为问题,如厌学、逃学、偷窃、说谎、作弊、自私、任性、耐挫力差、攻击、退缩、焦虑、抑郁等种种外显的和内隐的心理行为问题。这些心理行为问题不但严重地影响着儿童青少年自身的健康发展,而且也给正常的教育教学工作带来巨大的困扰,直接影响学校教育任务的完成与教育目标的实现。

但是,从目前情况来看,中学生的心理问题并没有引起人们的足够重视。当前的中小学教育更关心学生的学习成绩,而忽略了学生的心理发展和心理需求。在我们的教育过程中,中考、高考,升学率成了学校教育的唯一目的,学习成绩决定了一切。从家庭到学校，学生除了学习还是学习，做与学习无关的事被认为是没有正事的表现。有的学校评"三好"学生基本上也成了"一好"学生。我们的德育工作很多时候也是以学习为中心，以学习为目标对学生进行教育。致使有的学生厌恶学校，逃避学习，甚至对学习产生仇视心理。

当前，中学生存在的问题令人触目惊心，学校里学生各种不良现象屡禁不止，各种失控越轨行为时有发生，原因固然是多方面的，但与学生素质不高，尤其是心理健康水平不高，心理素质较差有极大的关系。各中小学虽然早就设有心理咨询室，但大部分都形同虚设，更不要说开设专门的心理教育课了。

就目前状况而言，在学校教育中开展心理健康教育是十分迫切的和具有重要意义的举措。

（1）中学生心理健康教育是避免各种突发事件，维护社会安全稳定，保证学校正常运作，维护学生家庭幸福的需要。注重学生的心理健康教育工作，及时地疏导，使陷于不平衡状态或不健康状态的个体恢复到正常状态，就可以大大地减少偏态与变态的不适应行为，减少青少年违法犯罪事件与异常事件，维护好学校、社会的正常治安与秩序，保证了家庭的幸福。

（2）注重中学生心理健康教育，是保证学生正常健康成长的需要。注重中学生的心理健康教育可以促进学生学业事业的成功；促进学生良好品德的形成；保证学生正常健康地生活与发展成人。

（3）注重中学生心理健康教育，是青少年身心发展的特点的需要。青少年时期是一个非常特殊的阶段，个体从儿童进入青少年阶段，其身心发展会出现重大的变化，出现了两方面的需要：一是性需要，二是由于身体的全面发展与性需要的形成，使青少年产生了成人感，出现了强烈的独立性需要。由于以上的因素，所以对青少年进行心理健康教育尤其迫切。

（4）注重中学生心理健康教育，是当前社会变动时期的需要。近年来，随着社会变革而产生的一些变化或暂时不可避免地滋生的一些因素，对青少年心理状态产生消极作用——家庭、社会环境都给当今的青少年的心理产生了较大的冲击。注重与加强中学生心理健康教育不仅非常重要而且势在必行。

综上所述，我们可以看到，中学生的心理健康现状是不容忽视的，它为我们亮起了警告信号，作为教育工作者有责任挑起这副担子，不能仅仅把工作停留在了解问题、分析问题的水平上，而是要着手尝试去解决这些问题，使心理健康教育更具有实际的意义。切切实实抓好中学生的心理健康教育是二十一世纪教育的一个重大任务，是培养二十一世纪合格人才的重要保证。

## 四、走进心理咨询——自我成长的专业助力

### （一）什么是心理咨询

关于"咨询"，在汉语的解释中有商讨、询问、会谈等意思。关于"心理咨询"，国内外至今尚无公认的统一定义，对其内涵与外延的界定因各理论流派的观点不同而存在差异。简单一句话概括，心理咨询就是心理咨询师协助求助者解决心理问题的过程。这个含义强调了几个方面的内容：

（1）心理咨询不是一般的助人行为，而是一种职业行为。心理咨询师必须掌握专业的基础知识和专门的操作技能，会运用各种专业知识与技能，并且符合专业伦理的规范。

（2）咨询的要素之一是咨询师和求助者之间建立良好的咨访关系。只有具备良好的咨访关系才可能达到帮助求助者的目的。

（3）心理咨询解决的是求助者心理方面的问题，或由心理问题引发的行为问题甚至躯体症状，而不是处理生活中的具体问题，也不解决生理性的躯体症状，因此不包括药物的使用。

（4）心理咨询是一种互动的历程。咨询的关系是一种有目的的专业关系，是"求"和"帮"的关系，咨询的效果取决于求助者的自愿和配合程度。

（5）心理咨询也是一个学习和成长的过程。心理咨询师帮助求助者自强自立，而不是包办解决求助者的各种问题。心理咨询可以帮助求助者在认识、情感和行为上有所改变，找出问题的症结，探索解决的方法途径，从而让求助者克服障碍，增强信心，更好地适应环境，最终达到助人自助的效果。

## （二）心理咨询的功能

心理咨询不仅在缓解心理冲突、消除心理矛盾、疏泄负面情绪、挖掘生命潜能方面有着独特的价值，而且能为人们提供改变自我、完善自我、发展自我的机会，为人们提供一种新的学习经验，有助于人的自我成长。具体而言，咨询有以下功能。

1. 关怀与支持：使当事人深化对自我的认识

认识自我是一个很难的历程，只有极少数人能充分认识自我。很多人自以为看清了自己，但实际上并非如此，有些人对自己感到迷惑不解，不知自己到底是什么样的人。借助咨询，来访者可以澄清自己的需要、态度、动机，了解自己的长处和短处。

2. 觉察与了解：协助当事人纠正某些错误观念

每个人都生活在自己的观念所创造出来的认识环境中，很多来访者的脑海中都或多或少地存在一些错误观念，只有消除这种错误观念才能解决他们的问题。当事人常常是"不识庐山真面目，只缘身在此山中"，心理咨询为他们提供对自己固有的观念进行审视、思考、改进的机会。

3. 改变与行动：促成当事人有效面对现实

来访者在面对现实生活中的种种问题时，总是看不清自己的问题所在，而通过咨询可以帮助当事人更加全面、客观地认识自己和自己的行为，并改善自己的应对方式去解决所面对的问题。

4. 智慧与爱心：建立新型的人际关系

成功的咨询人员其自身心理是健康的，具有丰富的专业知识和助人技巧。来访者在现实生活中能与这样的人交往的机会并不多，咨询人员若能够与来访者建立一种良好的关系，这对推动来访者正常成长和顺利发展具有积极意义。

## （三）心理咨询的一般程序

心理咨询不是随便谈话和聊天，它是按照程序实施的特殊的"治疗"手段。早在20世纪50年代，就有人提出，语言、词句不仅仅是人类发出的声音，而且是负载各类含义（信息）的载体。它所负载的信息，可以对人们固有的经验、行为方式以及主观世界的各种内容产生作用。语言的这种功能，可以用来矫治人们的思维方式、情绪和行为。有人专门研究"词"的治疗意义,并提出恰当地使用语词,可以达到心理调节甚至心理治疗的目的。因此,心理咨询必须按照规范的程序进行。

1. 资料的收集

这是进行心理咨询的基本依据。可以通过会谈、心理测试、社会调查等方式收集一切关于咨询者的信息和资料,以便于后期进行正确的诊断和咨询治疗。

2. 资料的分析

通过排序、筛选、比较收集到的资料,对资料进行分析,找出造成问题的主因和诱因。

3. 综合评估

将主诉、直接或间接所获的资料进行分析、比较,将主因、诱因与临床症状的因果关系进行解释,确定心理问题的由来、性质、严重程度,确定其在症状分类中的位置。

4. 诊断

依据综合评估结果,形成诊断。

5. 鉴别诊断

这一程序是为了防止误诊。通过症状定性、症状区分,确定鉴别诊断的关键症状和特征,进行鉴别诊断。

6. 制订咨询方案

心理咨询实施的完整计划,必须按照心理问题的性质、采用的治疗方法、咨询的期限、咨询的步骤、计划中要达到的目的等具体情况来制订。

(四)学生心理咨询的类型

心理咨询几乎直接服务于人类生活的各个方面,根据不同的标准,心理咨询可以有多种分类方式。在高中心理咨询体系中,一般将咨询分为个体咨询和团体咨询。

个体咨询是心理咨询最传统的一种类型,是指咨询人员与求助者建立一对一的咨询关系,主要实施地点在咨询室,主要的咨询方式以会谈为主,着重帮助求助者解决个人的心理问题。这种类型的心理咨询需要求助者主动来求助,方能进行咨询帮助。

团体咨询主要借助团体的特点来进行咨询。由于学生存在的问题大多比较集中（如人际关系问题、恋爱问题等），且年龄相仿，非常适宜采用团体咨询，因此团体咨询是学校心理咨询当中应用最为广泛的一种咨询形式。在团体咨询中，更多的是利用成员集体的资源实现咨询目标，由于这种团体实现了对现实人际关系的模拟和再现，从而也就可以很好地帮助成员恢复社会功能。具体而言，利用团体咨询可以解决以下问题：

（1）使个人在人际关系中获得自信。由于团体咨询强调成员之间的相互帮助，突显了每个成员的地位，而把咨询人员和来访者看作是平等的个体，所以成员在帮助别人的过程中实际上也就开始体验自信，并得到了帮助。

（2）使成员感受到对团体的需要。在相互帮助的过程中，成员之间由于互动而加深理解，建立了一种标志凝聚力的"我们感"，从而有利于帮助个人增进对于社会投入的动机。

（3）帮助个人获得必要的社交技能。借助团体成员的相互沟通，可以使个人得到更多的和更加合理的社交技能，这也间接地提高了来访者的自信。

### （五）高中心理咨询的对象

心理咨询的对象主要可分为三大类：①精神正常，但遇到了与心理有关的问题并请求帮助的人群；②精神正常，但心理健康出现问题并请求帮助的人群；③特殊对象，即已经过临床治愈的精神病患者（精神病患者即心理不正常的人，经过临床治愈后，心理活动已基本恢复了正常，他们已经转为心理正常的人，这时心理咨询和治疗具备介入和干预的条件。心理咨询可以帮助他们恢复社会功能，防止疾病的复发）。因此，我们需要走出过去的"心理咨询的对象是精神不正常的人"的认识误区。事实上，心理咨询人员是绝对不能接待精神疾病患者的。2013年5月1日起施行的《中华人民共和国精神卫生法》第76条规定，"心理咨询人员从事心理治疗或者精神障碍的诊断、治疗的"将会"由县级以上人民政府卫生行政部门、工商行政管理部门依据各自职责责令改正，给予警告，并处五千元以上一万元以下罚款，有违法所得的，没收违法所得；造成严重后果的，责令暂停六个月以上一年以下执业活动，直至吊销执业证书或者营业执照"。

## （六）高中生心理咨询的意义与特点

目前高中生普遍存在的心理健康问题有：学业问题、情绪问题、人际关系问题、焦虑问题。学业问题包括学习压力大、学习目的不明确、学习动机功利化；情绪问题包括抑郁、情绪失衡；人际关系问题包括人际关系不适、社交不良、个体心灵闭锁；焦虑问题包括自我焦虑、考试焦虑。其中，人际关系和情绪问题成了目前学生心理健康的首要问题，占有很大比例。因此，高中生心理咨询有其特殊性，主要体现在以下几个方面。

### 1. 以人格发展为第一要务

心理咨询不是学校教育，其主要关心人格的发展，关心学生的内在世界。即使是学习辅导，关心的重点也不在于知识的获得，而在于学习的态度、习惯和方法。心理咨询人员运用晤谈、测验、解释、指导等方式，促进学生对自己内在世界的了解，帮助学生汇集智能，探索世界，从而引导学生向健全的人格发展。

### 2. 以助人自助为最终目的

人们经常说心理咨询是一项"助人自助"的工作，正确理解心理咨询"助人自助"内涵对心理咨询工作者十分重要，因为这事关心理咨询的方向和目标，也最终决定心理咨询对来访者的意义。对于心理咨询"助人自助"内涵的理解五花八门，有些刚从事心理咨询工作的人员甚至认为通过心理咨询帮助别人就是帮助自己。社会大众对于心理咨询"助人自助"内涵的正确理解也同样重要，因为这将有助于我们接纳心理咨询，在需要的时候能够主动寻求帮助。

所谓助人自助，即帮助别人获得自己帮助自己的能力。心理咨询不是替代别人解决问题，而是帮助来访者看清自己问题的症结，发现自己的潜能，学会利用自身的资源，自己解决问题，提高社会适应能力，使之得到真正的成长。"助人自助"是心理咨询的最基本原则，心理咨询期望通过咨询师的帮助，增强咨询者的独立性，而非增强其依赖性，当他们在日后遇到类似的生活挫折和困难时，可以独立自主地加以解决。

"心理委顿说"认为，绝大多数人的心理问题都可以描述为这样一种状态：个体主观上产生无能感，认为个人无法应付他（她）自己以及周围的人都觉得他（她）能够处理的问题。"助人自助"的心理咨询最终目的就是消除个体自身的这种无能感,帮助来访者获得"自助"的能力。

### 3.以心理咨询的要求贯穿咨询过程

学校心理咨询要想取得较好的实效性,必须与思想政治教育等工作区别开来,将心理咨询的全部要求贯穿于整个咨询过程中,包括心理咨询的理念、原则、程序等。心理咨询的效果取决于来访者的内在动机和改变的愿望,心理咨询人员决不能强迫别人接受咨询。心理咨询强调双向的、平等的沟通。以朋友的坦诚、亲人的温暖倾听学生的困扰,无条件地关注与接纳学生,信任、尊重学生,坚持个别化原则,与学生共同探讨其问题的症结,而不是以命令、灌输的方式"压服"学生。总之,高校开展心理咨询的目的是使学生能够身心健康地成长,而这种成长是自发的、主动的,是依靠学生自身的意识和努力来完成的。它旨在帮助学生个人成长,却不企图强加指导;它促使学生维持心理健康,却不完全提供病理性治疗;它是一种人际交流,却又不是社交活动;它力图让学生解除烦恼,却又不是简单地安慰人;它希望与学生建立无话不谈的亲密关系,却又不能发展私人友谊;它使人头脑冷静,却又不做逻辑分析。

高中三年,是青少年学业的关键阶段,学生拥有一个良好的心态和较强的挫折承受能力,对于其人生的发展会非常重要,这是学校的责任,也是心理咨询和心理教育工作的重要内容。

# 第三节　心理健康教育的目标与任务

## 一、心理健康教育的目标

### （一）帮助学生了解和认识自己的情绪和心理状态

高中心理健康教育的目标之一是帮助学生了解和认识自己的情绪和心理状态，进而培养情绪管理能力。情绪管理是指学生能够识别自己的情绪、了解情绪背后的原因和影响，并采取有效的方法来管理和调节情绪。这一方面需要教师引导学生认识和了解不同的情绪状态，如愤怒、悲伤、快乐等，以及这些情绪对心理和生理的影响；教师还应该教授学生如何正确表达自己的情感，避免过度抑制或过度放纵自己的情绪。另一方面，高中心理健康教育还应该帮助学生了解自己的优势和不足，树立积极的自我认知和自我价值观。教师可以通过启发式教学和个案辅导等方式，引导学生探究自己的兴趣爱好、天赋特长、性格特点等方面，发现自己的优势和潜力，并激发学生的自信心和自尊心。

### （二）帮助学生发展积极的人际交往能力

这包括帮助学生了解人际关系的重要性、学会与他人沟通、建立良好的人际关系、学会解决人际冲突等。他们需要了解到一个人的成长和发展是离不开人际交往的，人际关系对一个人的成长和发展具有至关重要的影响。学生需要明白人际交往是一个复杂的过程，需要注意交往中的细节和沟通技巧。其次，学生需要学会与他人沟通。这包括学会正确表达自己的意见和情感，学会倾听和理解他人的观点和情感，学会使用适当的语言和表达方式等。这些技能可以帮助学生更好地与他人进行交流和互动。

### （三）培养学生良好的自我认知和思维能力

高中心理健康教育的另一个目标是培养学生良好的自我认知和思维能力。这是为了帮助学生更好地认识自己、提高自我管理和解决问题的能力。首先，学生需要了解自己的个性特点和兴趣爱好，发现自己的优点和不足。其次，学生需要认识自己的思维方式，学会运用各种方法和策略，提高自己的思维能力，提高问题解决的效率和准确性。例如，学生可以通过逻辑思考、创造性思维、批判性思维等方式，加强自己的思考能力。最后，学生需要培养创新精神，学会主动探究和探索，积极尝试新思维和新方法，培养自主学习和自主创新的能力，为未来的学习和工作打下坚实的基础。

### （四）培养学生健康的生活方式和自我保护能力

高中心理健康教育的目标之一是培养学生健康的生活方式和自我保护能力，这方面的教育需要帮助学生了解什么是健康的生活方式，并学会通过健康饮食、适量运动、良好的睡眠习惯等方式保持身心健康。此外，学生也需要了解如何自我保护，学会避免和抵御身体和心理上的威胁。这包括了解和预防自己可能面临的危险和风险，如网络安全、欺凌、犯罪等，学会自我保护的技巧和方法。在预防不良行为方面，教育需要帮助学生了解不良行为的危害和影响，并通过教育、引导、监管等多种方式，预防和减少不良行为的发生。

## 二、心理健康教育的任务

一般认为，任务是要做的工作，担负的职责、责任，也就是要做什么。功能指事物或方法所发挥的有利作用，也就是效能。

### （一）传统心理健康教育的任务

对于传统心理健康教育的任务有多种说法，比较常见的有以下几种：

**1.二任务说**

二任务说即面向全体的任务和面向少数的任务。

**面向全体的任务**：在全体受教育者中，尤其是在青少年学生中开展心理健康教育，使他们不断正确认识自我，增强调控自我、承受挫折、适应环境的能力，培养他们健全的人格和良好的个性心理品质。具体讲，就是通过专题讲座、团体咨询、个别咨询、学科教学、主题班会等多种形式，满足教育对象的心理需求，比如安全感、得到他人的承认和接纳、受人尊重等，为他们的身心发展提供指导。

**面向少数的任务**：对少数有心理困扰或心理障碍的个体，给予科学有效的心理咨询和辅导，使他们尽快摆脱障碍，调节自我，提高心理健康水平，增强发展自我的能力。具体讲，就是及时发现教育对象的心理与行为问题，防患于未然。比如：对他们成长过程中带有普遍性的问题，要在其尚未出现或刚出现时给予指导、积极干预，让他们有所了解、有所准备；对那些已出现的消极心理或行为问题，要及时采取措施加以补救。

**2.三任务说**

面对全体学生，开展预防性和发展性的心理健康教育；面对少数有心理困扰和心理障碍的学生，开展补救性和矫治性的心理咨询和辅导；面对教师和家长开展心理健康教育工作，从而促进学生的心理健康发展。

**3.四任务说**

通过多种途径，积极宣传心理健康知识，开展多种心理健康教育活动，提高学生心理健康水平；及时提供学生心理健康信息，供学校相关决策、改革时参考；对有情绪问题的学生进行个别或团体咨询，提高其适应能力和心理素质，矫正心理偏差，培养健全人格；及时发现和鉴别中、重度心理障碍学生，及时转介到高一级咨询、治疗机构。

**4.六任务说**

心理预防：预防学生在学习期间可能出现的各种心理行为问题。

心理咨询：主要指对有心理问题的人，通过心理商谈的程序和方法，使其对自己和环境有一个正确的认识，以改变其态度和行为，并对社会生活有良好的适应。

诊断性评价：指根据一定的理论和标准，以使用心理学的方法和工具为主，对学生的心理状态，行为异常或障碍，以及学生的成长环境进行描述分析、归类、鉴别、评估的过程。

行为矫正：指对个别的学生在语言、认知、行为和人际关系等方面的问题，进行心理学干预，包括帮助道德越轨、学习困难、情绪挫折和社会性发展不适的学生获得正常的发展。

学习指导：指帮助学生提高学习兴趣和效率的各种活动。包括学习内容的安排、学习方法的辅导，学习成绩的评估及其反馈等，特别是比较细致地帮助学生掌握学习策略和选择学习方法，使他们学会学习，进而按照良好的学习目标和学习程序进行学习，以便获得系统的知识，形成一定的能力。

职业指导：对学生如何选择适当的职业加以指导。可通过心理测量等手段，对学生个人的能力、性格、体力、家庭、经历等进行考察，通过调查和统计获得各种职业对能力和特长的要求，并向学生提供就业信息，指导学生选择合适的职业。

上述这些作为心理健康教育的基本任务、一般任务、具体任务都是毋庸置疑的，但要作为根本任务，显然远未达到应有的高度。

## 第四节　心理健康教育的功能与作用

### 一、学生心理健康教育的功能

（一）初级功能

预防和治疗心理疾病。及时发现心理异常者并采取相应措施，避免事态扩大或恶性事件发生。

### （二）中级功能

完善学生的心理调节。充分注意学生在学习、工作、生活中会遇到的挫折和困扰以及由此引起的心理变化，帮助他们加强对自我、他人及社会的正确认知，增强其挫折耐受力和社会适应能力，使其学会调节情绪，保持乐观向上的心境，从而较好地发展自己。

### （三）高级功能

发展、健全个体和社会，帮助学生确立正确的世界观、人生观、价值观，充分认识自身的潜能，正确对待周围因素可能产生的积极或消极影响，自觉克服自身的弱点，以良好的心态和行为方式高效地生活，充分地发展和完善自己，形成健全的人格。

## 二、心理健康教育的主要作用

### （一）有助于学生正确认识自我、规划自我

学生学习心理学，掌握了人的心理过程与个性心理特征形成的规律，就能采取有效措施发挥自己的优点和优势，纠正自己的缺点，弥补自己的不足。学生掌握一定的心理学知识，就等于把握了认识自我的钥匙，有利于找准自己的位置，达到理想自我与现实自我的统一，发挥自身的潜能，成为一名合格的社会成员。

### （二）有助于学生提高适应能力，形成良好心态

心理健康教育能使学生积极适应自我、适应环境、适应社会的各种变化，学会调控学习、生活中的各种烦恼，通过有意识的训练，掌握排解心理困扰、减轻心理压力的方法，提高抗挫折的能力，保持心理健康。

### （三）有助于学生建立良好的人际关系

从初中升入高中，有许多陌生的学生相聚在一起，这就有一个相互适应、相互

熟悉的过程。学习心理学知识，可以增进相互间的理解，促进人际关系的和谐。学生的友谊往往是深刻而持久的，它可以成为学生情感的寄托，可以增强归属感，满足被尊重与被爱以及自我实现的需要。与此同时，关心他人、理解他人，也能促进自己拥有博大的胸怀，从而大大增加生活、学习、工作的能力，最大限度地减少心理应激和心理危机感。这是人们维护和保持心理健康最基本、最重要的因素之一。

（四）有助于提升学生的综合素质

健康的心理既是素质教育的重要组成部分，也是素质教育的基础和载体。在学生中有计划地进行心理知识教育与普及，对帮助学生认识自己、完善自己，提高自身心理素质具有重要作用。通过系统的心理知识的学习和辅导、训练，使学生的心理素质得到整体优化，在培养科学精神、创新思维意识以及坚韧不拔的意志，增强适应社会生活的能力，从容应对心理困扰，预防精神疾患，提升综合素质方面发挥着积极的作用。

## 三、开展心理健康教育应做的主要工作

（一）普及心理卫生知识和心理保健知识，传授心理保健技能

充分利用校报、橱窗栏、广播等，宣传普及心理健康知识，提高学生对心理保健的积极性，增长心理健康的知识。

开设《学生心理健康教育》等选修课，采用以课堂教学为主，辅以座谈、案例分析、心理剧、团体训练等形式，进行学生心理健康教育。加大心理健康咨询机构宣传力度，目的在于使学生了解该机构的性质和功能，以增强其对消除心理困惑的求助渠道的认识。

（二）开展心理健康普查，建立心理健康档案

具体可采用《学生心理健康普查表》（UPI）、《症状自评量表》（SCL-90）对在校生进行心理健康普查，并建立学生心理档案。通过普查筛选出可能存在心理

问题的学生，约请他们面谈，并对一些存有心理障碍的学生进行定期的心理辅导。

### （三）积极开展心理训练，提高心理自我调节能力

有些学生个性懦弱，缺乏自信，孤僻内向，独立生活能力较差，因而他们的心理素质相对较差，人际交往不协调的状况较多。针对这一现状，可以组织其进行多次的心理素质训练。

### （四）积极开展对曾有心理问题的学生的追访工作

对心理健康普查中存有心理问题的学生进行追访，目的是了解他们通过心理咨询后心理的发展变化如何，了解他们在解决内心苦恼、困惑时采用的具体方法和依靠的资源，以提高心理咨询水平。

### （五）构建学校心理健康教育的工作网络

依据工作目标，学校学生工作处是组织和推动全校学生心理健康教育工作进展的职能部门，并以心理健康教育与咨询中心为依托，负责制订全校学生心理健康教育计划并对骨干队伍进行培训。这样的工作架构，能及时发现问题，有效地进行心理危机干预，发挥心理健康辅导中心的龙头作用。

学生是心理健康发展的主体，是心理教育工作的主要对象。由于学生人数众多，仅有骨干教师的积极性是不够的。应在学生这一层次建立学生心理协会，调动他们积极参与的热情，一方面应发挥学生心理协会这个群众组织的自我教育的作用，另一方面在学生中培训"朋辈"心理辅导员，使工作根植于广大学生之中。

### （六）加强心理健康教育师资队伍建设

心理健康教育师资队伍一般应分三个层次。一是以学生思想政治教育队伍为主的健康指导队伍。二是以心理学工作者为主，配备适当教育、管理人员的心理咨询队伍。这支队伍一般应经过严格培训，具备咨询素质及其相应知识结构。三是以医务工作者和心理学专家配合组成的心理门诊队伍。这支队伍应具有相应的专业知识，善于观察、分析和诊断学生的精神状况，并能给予实质性帮助。

# 第二章　高中心理健康教育课程的设计

## 第一节　心理健康教育课程内涵与理论

### 一、心理健康教育课程的课程论基础

课程是指学校学生所应学习的知识经验的总和及其进程与安排。广义的课程是指学校为实现培养目标而选择的教育内容及其进程的总和，它包括学校教师所教授的各门学科和有目的、有计划的教育活动乃至其他一切教育性影响。狭义的课程是指某一门学科。

（一）现代课程理论的主要流派

纵观现代国外课程的发展，由于教育目的、哲学观点、对现实看法及对儿童看法的不同，形成了各种不同的课程观或课程理论，可谓流派林立，学说各异。概括起来，在众多课程理论流派中，最具影响、有代表性的课程论流派主要可以分成四大类：

1.知识中心论课程

知识中心论也称学科中心论、科目中心论或教材中心论，它主张从有关科学领域中选择部分知识作为学科的内容，并按一定的结构、顺序把这些知识组成各种不同的学科。这是一种有着悠久思想渊源的课程论，历史上学校课程基本上可以说是

以知识为中心的。知识中心论的特点是各门学科并列编排,学科体系的逻辑性较强,便于传授文化遗产和科学技术成果。这种课程组织形态以学生获取一定数量的知识和技能为目标,在教学方法上采用以教师讲授、灌输为主的方式。在漫长的历史发展过程中,知识中心论这种课程观有各种不同流派,其中最典型的流派是永恒主义、要素主义和结构主义课程。

（1）永恒主义课程

永恒主义课程也叫古典文科教育、古典人文主义传统等,它的现代代表人物是美国教育家罗伯特·梅纳德·哈钦斯(Robert Maynard Hutchins)和法国教育家雅克·马里坦(Jacques Maritain)等。其主要观点有以下几点：

①中小学课程过去、现在和未来都应当是"不变的学问",教育的内容是"包含有关人类思想的永恒价值的理念和原理",主张用永恒的科学进行理性训练;

②认为过去卓越的东西是不变的、永恒的,坚持主张卓越的东西是历代伟大思想家的古典著作,要把它作为课程传授给年轻人,让他们继承下来,传播下去;

③传统学科即永恒的学科可以使人的灵魂、人性达到完善,具有发展学生智力、实现教育目的的价值;

④认为学科知识是对生活的最好准备,因为教育就是生活准备,而不是生活本身,这是它的理论基础。

（2）要素主义课程

要素主义课程主要代表人物是美国学者威廉·钱德勒·巴格莱(William Chandler Bagley)等人,他们认为"学校是保存传统的价值,使之适应于社会的一种机构"。其主要观点有以下几点：

①知识是社会的宝贵遗产,它包括在自然科学、社会和道德规范之中。这些知识构成人类社会文化的要素。为了具备这些知识,学校课程要以传递共同的、不变的文化要素为核心,就要传授具有严谨学术体系的各门学科。

②继承社会遗产所必需的,它的主要特征是继承性。必须把这些规定在课程里,这样通过学习,就能继承遗产,为未来生活做好准备。认为普通学校课程要以读、写、算为重点学科,严格要求学生学好规定的教材,强调心智训练。

③在教学方法上,主张用严格的学校纪律、处罚、表扬、服从为手段,使学生

接受知识。

④知识是科技激烈竞争所必需的,要学好基础知识,成为有学识、有知识的人,这样才能在竞争中立于不败之地。

（3）结构主义课程

结构主义的代表人物是瑞士心理学家让·皮亚杰（Jean Piaget）。结构主义课程论是以结构主义心理学为依据的,它是要素主义课程论的新发展。其主要观点有以下几点:

①强调学习学科的基本结构。认为所谓学科的基本结构,就是每门学科的基本概念、基本原理及其相互联系,每门学科的基本结构不但应包括其"一般原理",还应包括这门学科的态度和方法,即不但要包括知识内容,还要包括知识的获得过程,是内容与过程、知识和方法的统一。学科的基本结构是课程的核心,学校要以学科的基本结构来设计课程、组织教材。

②强调在课程设置时要把学生的智力发展阶段与学科结构有机地结合起来。认为儿童的智力发展经历了动作式再现表象、图像式再现表象和符号式再现表象三个阶段。儿童发展的每个阶段都有自己观察世界和解释世界的独特方式。课程设计就是要把课程内容根据儿童智力发展阶段的特点予以剪裁和组织,使之与儿童智力发展的阶段相适应。如果能做到这一点,那么任何学科都可以有效地教给任何发展阶段的任何儿童。

（4）知识中心课程的缺点

知识中心课程也有它的缺点,主要表现在:

（1）以知识为中心编订课程容易把各门知识割裂开来,不能在整体中、联系中进行学习。

（2）各学科易于出现不必要的重复,造成学生精力浪费,加重学生学习负担。

（3）忽视学生的学习兴趣和需要,容易理论脱离实际,不能学以致用。

**2.儿童中心论课程**

儿童中心论的思想渊源也很早。如人本主义者较早就提出过重视儿童、重视学习者、重视发展儿童个性的主张。明确提出儿童中心论的是19世纪末20世纪初的美国实用主义教育家约翰·杜威（John Dewey）。所谓儿童中心论课程,就是围绕儿童个人的需要和兴趣组织教学，而不是按学科内容进行施教。杜威反对以学科为中心，主张课程、教材和教学都要以儿童活动为中心，所以这种课程又称"活动课程"。其基本观点如下：

（1）课程设置应以儿童的活动为中心，而不是以学科为中心。杜威认为儿童身上有四种本能，并相应地表现为四种活动，即语文和社交的本能和活动、制造的本能和活动、艺术的本能和活动、探究的本能和活动。课程设置就应当以这些本能为基础，并尽量满足这些本能。

（2）主张以儿童的直接经验作为教材内容。杜威极力强调教材的源泉应当是儿童自己的活动所形成的直接经验。

（3）教材的编制应注意儿童的心理结构。杜威认为，教材的逻辑分类和排列的抽象原理同儿童富有情感的生活实际相反，因此按逻辑性组织的学科内容不是儿童学习的内容。他主张教材应当心理化，应当把各门学科的教材或知识恢复到原来的经验，变为儿童个人的直接体验。

（4）强调在课程教材中要突出知识的获得过程。杜威认为，独立的知识领域是不可思议的，因为除了知识的获得过程以外，没有什么知识可言。

与学科课程论相比，活动课程论具有如下合理点：

（1）重视学生学习活动的心理准备，在课程设计与安排上满足了儿童的兴趣，有很大的灵活性，调动了学生学习的主动性和积极性。

（2）强调实践活动，重视学生通过亲身体验获得直接经验，主动去探索，有利于培养学生解决实际问题的能力。

（3）强调围绕现实社会生活各个领域精心设计和组织课程，而不是脱离社会实际，有利于学生获得对世界的完整认识。

儿童中心论主张一切以儿童当前的兴趣和需要来确定课程的内容，完全以儿童的需要为出发点，相对夸大儿童个人经验的重要性，这存在着很大的片面性，忽视了知识本身的逻辑内在联系与顺序，不利于掌握系统的文化知识，降低了学生的知识水平，而让学生靠事事都探索来获取知识也是不经济的、不可能的，甚至是不必要的。各国的实践也表明，杜威的儿童中心论太强调适应、兴趣和个性发展，忽视了重要的、学术的学科，导致了教学质量的下降，因而受到了批评。儿童中心论虽然难以普遍实行，但它在课程理论历史上的价值是不能一笔抹杀的，它给我们的启示是编制课程要坚持面向儿童、面向生活的原则。

3.社会中心论课程

社会中心论课程是为了克服儿童中心课程论的片面性提出来的，强调以社会问题为中心。它认为设计课程要通过对社会问题的分析来确定教育目标，主张打破传统的学科课程界限，但不按学生的活动来组织课程，要兼顾儿童的年龄特征，但不主张以学生的兴趣和动机作为编制课程的基本出发点，而提出要以社会现实问题作为课程设计的核心，所以社会中心课程又称核心课程。社会中心课程产生于20世纪30年代的美国，它有两派，即社会适应派和社会改造派。

社会适应派认为，社会变化是个人发展的决定因素，"学校是社会的代理机构"，社会在发生变革，设置课程和选择教学内容应为学生了解不断变化的世界并求得社会生存服务。

社会改造派认为，社会在变化，把社会问题作为课程设计的核心，其宗旨不是为适应社会，而是把学生培养成为"社会改造的工具"，帮助他们积极投入社会改革之中，成为改革者。因此，它要求根据改造社会的需要来设置课程，把课程及其内容的选择和安排与社会的改造联系起来，围绕社会改造的"中心问题"组织学校课程。这一理论提出的课程组织结构是十分独特的。课程的结构是车轮状的，轮子的轴心代表某些关键性的问题；轮轴是由讨论、知识和技能的学习、职业训练等组成的各类课程，它们是解释和解决轮轴中关键问题的重要前提和支持；轮胎将涉及轮轴问题的所有相关课程统一了起来，使这个车轮得到了有机联系。按这种结构设计的课程有两种形式：

（1）核心课程。它介于学科中心课程和活动中心课程之间，打破了学科界限，从问题出发，把两三门学科结合起来。一般由一个教师或几个教师组成的教学小队，通过一系列活动对一个班进行教学。每次教学活动是在一个连续的单位时间（如二、三节课）内进行的。

（2）以生活问题为中心课程。这种课程内容侧重于生活问题，每次活动不必安排在一个连续的时间内进行，一个班的指导工作不是由一个教师来担任。

这种课程强调直接经验，而不是知识本身的逻辑系统，强调个人研究，而不重视教师的系统讲授。以改造社会为中心，不在于学习各种知识，而在于通过对社会各方面问题的综合学习，以达到改造社会、改造传统的目的。社会适应派和社会改造派两者有分歧，但都强调社会实践活动和解决社会问题的能力，社会中心论课程的真正价值和革新意义，就在于此。社会中心论课程的主要优点表现在：

（1）重视教育与社会、课程与社会的联系，以社会需要来设计课程，有利于为社会需要服务。

（2）重视各门学科的综合学习，有利于学生掌握解决问题的方法。

这种理论的不足表现在以下三点：

（1）它片面强调社会需要，忽视制约课程的其他因素，如科学本身、学生本身的系统性及需要。

（2）忽视各门学科的系统性，不利于学生掌握各门学科的系统知识。

（3）夸大教育的作用，许多社会问题是由于社会造成的，单靠教育是不可能解决的。

**4.折中主义课程论**

近年来许多学者反对把课程安排绝对化，既反对按学科中心设计课程，也不主张完全按社会中心、儿童中心的思想来编制课程，而提出要把这三方面因素综合起来加以考虑。目前这种发展趋势愈来愈明显。可以把这种理论称之为折中主义课程论，它的主要流派有情境中心论和问题中心论。

（1）情境中心论

情境中心论是以培养儿童适应未来情境为中心来编制课程的理论。它的代表人物是英国的丹尼斯·劳顿（Denis Lawton），他吸收了知识中心论、儿童中心论和社会中心论三者的长处，主张教育要发展儿童的自主能力，使他们学会适应在步入社会时所面临的各种情境。因此，学校课程要针对学生毕业离校后世界将要发生的情况，培养学生适应未来社会的能力；既要求他们获得各种必要的知识，也重视他们自身获得某种经验的价值，使他们不会受环境的支配，而且能对环境施加某些影响，因此主张综合课程，以保证学生在获得丰富广博知识的同时，了解国际形势、自然科学和社会科学的发展趋势，认识当前世界存在的问题及合理解决的途径。

（2）问题中心论

问题中心论课程是以解决问题为中心来编制课程，最早是杜威提出来的。它在实施时往往采用活动课程的一套方法，如：师生共同研究学习的方案，从事实验、制作、调查、研究等活动，只是学习的问题不是由学习者或者教师预先确定的。问题中心论课程的实施，需要经过完整的解决问题的过程：发现问题、分析问题、提出假设、检验假设、得出结论。假如问题中心论课程的学习问题着眼于学习者当前的兴趣和需要，并且由儿童提出来，那就同儿童中心论课程或生活中心论课程没有什么区别了。

现代课程理论的流派很多，很庞杂，因为每一派哲学家都有他的教育思想，也就有他的课程理论。不同课程观的分歧或区别主要表现在对课程与知识、儿童、社会这三类资源关系的不同理解。各种课程观的共同特征和不足之处在于，抓住这种或那种资源，加以过分强调，同时忽视或否定其他资源。我们应当用马克思主义的立场、观点和方法来观察、分析和研究外国的课程理论，取其精华，去其糟粕，有所借鉴，从多角度考虑，建立起我国面向 21 世纪更为科学、全面、合理的课程观。

### （二）现代课程理论的主要特点

现代课程理论主要具有如下特点：

#### 1. 强调人本性，批判"技术理性"

在现代社会中，高度发达的科学与技术正在成为某种统治力量。它一方面不断改变着世界，使世界发生日新月异的变化；另一方面也导致了人们对科学技术的过度崇拜和盲目信仰。德国思想家尤尔根·哈贝马斯（Jürgen Habermas）曾尖锐地指出，现代科学技术已经在执行意识形态的功能，因为科学技术凭借着它的客观合理性，实现了对社会的统治和对人的统治。不仅社会的发展取决于科技的进步，而且人的全部生活都受着科学技术的控制，使人类失去了自由。与其说技术为人服务，不如说是人为技术服务。这便是现代意义上的"技术理性"，它已经处于人性的对立面，改变了"理性"的本义。技术理性通过标榜其纯粹的客观性和合理性，拒绝其他一切价值、利益或人类旨趣的存在意义。在学校教育领域，技术理性的典型表现是只重物质不重精神、只重事实不重价值、只重认知不重情意。按照技术理性的价值体系来衡量，知识便有了高下优劣之分。直接反映科学技术成果、以培养人的科学素养为宗旨、所谓"价值中立"的理性课程，因其最合乎"理性"标准，成为最受青睐的"真正的"知识。而其他以价值判断为主的科目，因其缺乏客观性，被置于相对次要的地位。这样，人文学科就成了学校可有可无的一些点缀课程而已。

受"技术理性"统治的社会非但不是一个令人心满意足的社会，反而会使人类陷入更加严重的生存困境之中。由于科学技术决定人的一切思维方式和行为方式，人最终会丧失自由，沦为科学技术的奴隶，受其控制和束缚，并注定要吞食科学技术发展可能带来的一切恶果。

现代课程正是在对技术理性批判的基础上建立起来的。如人本主义课程就是这样一种现代课程。产生于20世纪60年代的人本主义教育，旨在缓和乃至消除当时年轻一代的精神迷茫和弥漫于整个西方社会的价值危机。人们认为，正是科学技术的进步带来了高度富裕的物质生活，使人的低级需要普遍得到满足，以致造成精神家园的荒芜。人本主义教育试图承担起价值重建的使命，其核心思想便是对自我的肯定和对人性的肯定。学校教育以人性的健康发展和潜能的充分实现为目的，课程的功能就是为学生提供有益于自我发展的经验，促进其人格健全发展。

2.着眼可持续发展，批判功利主义

现代社会的一个重大特征就是以相互竞争谋取最大利益为目标。自19世纪以来，与"物竞天择、适者生存"的达尔文主义相呼应，功利主义已经使人们生存的世界变成了一个竞技场。学校教育作为社会的一部分，尤其是作为一个可以为实现人们的功利性目标服务的有用工具，它的每个方面几乎都可以被打上功利主义的烙印。功利主义学校教育的特点包括：只问目的不问手段、只问结果不问过程、只问效率不问公平、只问竞争不问合作。升学主义压力、分数第一，使得学校教育成为训练考试机器的场所，学生个性受到压抑。

为了克服功利主义的弊端，相互理解尊重、合作互助的学习方式开始受到人们的重视。20世纪70年代以来，各门科目纷纷将学会交往与合作、领导和参与作为课程目标的一个重要组成部分。例如，美国小学社会科的课程目标中，在情意领域，不仅要求学生"发展自我控制、自我指导意识和独立意识，对个人行为负责"，而且要求他们"尊重他人的思想和感情"。在技能领域，既要培养个人的学习技能和工作习惯，同时还要掌握小组工作和社会交往的技能，包括：第一，在小组内共同工作，担任各种角色，如作为主席、秘书或普通组员；第二，参与小组讨论和一场领导讨论；第三，参与小组决策。合作经验作为学习内容的一部分，是学生在以往以个人为学习单位的教育体制中不可能获得的。然而，这种经验对于人格的成长是不可缺少的。

要消除现代社会的种种危机，首先必须解决人与人之间以及人与自然之间的紧张关系。这些紧张关系无不来自人们急功近利的观念和行为。20 世纪 70 年代以来的环境教育、多元文化教育、国际理解教育等新的教育主题和课程的出现，正是着眼于协调人与世界的关系，强化人对世界的整体意识和责任意识，从而培养出能够超越眼前功利的、有助于增进国际交往与协作、促进人类和平与发展的一代新人。

在传统教学中，教育者强调对学生提出统一的、标准化的要求，而忽视了学生的个性发展，这阻碍了学生的健康发展。课程现代化对这一现象进行了改革，它重视学生之间的个别差异，不同的爱好和特长，让学生充分发挥其个性特征，促使其个性健康发展。

### 3.强调民主性，批判权威主义

德国著名社会学家马克斯·韦伯（Max Weber）认为，有社会组织的地方就有统治和管理，有统治和管理就得有统治的道理，人们服从统治的道理就构成了权威。任何一种组织，都是以某种形式的权威为基础的。权威能消除混乱，带来秩序，实现组织目标，推进社会发展。他对权威进行了历史的考察，认为正当的（或称为合法的）权威不外乎三种历史形态，即传统型权威、魅力型权威、法理型权威。他认为在现代社会，组织与权威的关系密切，任何一种形式的组织都以某种形式的权威作为基础，没有权威，组织就失去了其存在的条件，这就是著名的权威理论。现代学校体系也同样是按照科层化的方式组织起来的。教育与其说是要帮助人们摆脱权威的奴役，不如说是在训练人们学会适应这个权威主义的社会。与教师的权威、纪律的权威相比，更具有控制力、威慑力的是课程内容标准方面的权威，即知识的权威。在功利主义的社会中，以书本知识考试分数为基准的学业成就关系到个人的前程和学校的声誉，这就使课程标准拥有更大的权威性。就知识范围而言，学校课程排斥一切教材以外的文明成就，大大限制了学生的知识面和求知欲。

为了帮助学生克服对权威的依赖，课程改革的一个重要环节就是向学生提供尽可能多的选择机会,使之从自身的兴趣、需要、责任感出发,自主地做出决定。英国的"开放教室设计",不按学生的年龄或能力划分班级、指定教室,而是同时提供若干精心设计好的学习环境,如阅览室、实验室、戏剧舞台、讨论会、咨询角等,学生可以从中随意选择,各自学习不同的内容,采用不同的进度和方式。这种设计多用于幼儿园和小学低年级,它使学生从学习一开始就进入了一个"自主学习者"的角色。中学阶段则广泛采用选修课形式,并尽可能扩大选课范围,使学生有可能组建自己独特的知识结构。

## (三)心理健康教育课程的基本理念

结合现代课程理论的流变和心理健康教育的实践,可以得到如下理念:

### 1.经验比知识更重要

由心理健康教育课程的界定和内涵可见,它的课程属性是经验主义课程,因为它是以解决学生成长中的问题为主线,以促进学生人格发展为宗旨,它更强调学习者的经验,而不强调心理学知识的获得。尤其是人本主义课程的许多内容,如"自我觉醒和自我发展的课程",也是心理健康教育课程的主要内容。当然,它对于其他课程的长处也是兼收并蓄。如"生涯教育"的许多设计也是心理健康教育课程中"职业辅导"模块的内容。满足学生的心灵世界与生活世界的需求,成为21世纪课程改革的主题。现代课程理论的变革,使人们认识到,对现代社会"技术理性"的批判,是对人文精神的呼唤。面对人类的价值危机、青年人的精神迷惘,现代课程要承担重建人类精神家园的文化使命。心理健康教育课程从帮助学生心智成长方面,反映了这种时代精神。

### 2.着眼于自我教育,发扬教育的民主性

现代课程批判权威主义,因为权威主义压抑人的个性与生命的活力,扼杀人的创造力。民主主义的教育主张张扬学生的个性,尊重学生的人格,并相信学生自身具有教育力量。心理健康教育课程的主要目标之一,就是帮助学生认识自我、悦纳自我、完善自我,应该更加需要发扬教育的民主性。按照心理辅导的原则,通过帮助、互助,最后达到自助,自助就是学生的自我教育。在辅导过程中,教师不再是知识权威的角色,而应该是学生的朋友,与学生一起探讨儿童青少年成长的课题。

**3.建立和谐关系，为幸福人生奠定基础**

现代课程批判功利主义，强调可持续发展。面对现代社会的急功近利所造成的种种恶果，人与人的和谐，人与自然的和谐，越来越受到人们的重视。心理健康教育课程主要是帮助学生建立个体生命与自我的和谐、个体生命与社会的和谐。个体生命与自我的和谐，就是指人的身心健康。自我是个体生命不断发展的重要组成部分，人因为有了自我，才会觉得自己是独特的、与众不同的生命体。正因一个独特的自我，才会构成我们这个丰富多彩的生活世界。同时，生命的发展离不开社会环境，自然人通过社会化的过程，才能成为社会个体。个体生命融合于社会之中，生命才会有意义，生活才会更精彩。生命与社会的和谐关系，是指个性化与社会化的协调、个人自由和社会责任的协调、个人与他人关系的协调。

**4.关注价值导向，帮助学生树立正确的人生观**

现代课程呼唤人文精神，人文精神的本质是对人的生命价值和意义的追求。青少年正处于人生观、世界观、价值观逐步形成的时期，尤其是我国在当前社会转型期面临的新情况、新挑战，引导青少年学生对社会主流价值观的认同，是现代学校教育的基本要求。心理健康教育不能像对待成年人心理咨询那样，坚持所谓的"价值中立"，需要引导学生建立积极的价值观，建立积极的人生态度，鼓励学生走向社会。学生积极的人生态度是心理健康教育课程的基本目标之一

## 二、心理健康教育课程的心理学基础

### （一）心理学理论与心理健康教育课程

从历史唯物主义的角度看，任何理论都是在一定的历史条件下产生的，是时代精神的产物，是一定历史条件下某一领域历史任务的实现，对于它所产生的时代最具现实意义。目前心理健康教育的主要理论包括精神分析、行为主义、人本主义、认知理论等，这些心理学理论，作为今天我国心理健康教育加以借鉴的基本理论，都是在西方文化背景下产生的，这既具有历史的特殊性，也具有文化的特殊性。当我们在运用这些理论时，必须结合本土文化特点、时代特点对其进行发展和创新，

才有可能产生良好的效果。因此，心理健康教育理论创新的实质就是要实现西方心理健康教育理论的本土化问题。有关心理学理论因已多见于相关课程，这里不再一一赘述，仅分析有关理论对心理健康教育的启示。

1. 精神分析理论对心理健康教育的启示

根据精神分析理论，开展心理健康教育应重视如下方面的要求：

（1）优化青少年人格构建的初始环境

人格，是人的内部生理和心理特质的外化，是人在处理和应对各种外界矛盾时表现的人的素质、能力和性格的基本特征。人格健全是心理健康的集中体现，儿童时期的人格教育对将来人格的形成和完善具有重要的意义。精神分析理论强调童年经验在人格形成中的重要性，认为个人生活的不幸可以在其过去的经验尤其是童年时期的经验中寻找根源，即大多数心理疾病患者，究其病因，往往都可追溯到童年时的环境和教育因素。开展心理教育课程，要善于营造有利于学生成长的良好心理氛围和释放学生不良情绪的环境。

（2）引导青少年建立健康的心理防御机制

如何培养儿童健康的人格，西格蒙德·弗洛伊德（Sigmund Freud）的防御机制理论为我们提供了一种心理健康教育的途径。防御机制是自我应付本我的驱动、超我的压力和外在现实的要求等的心理措施和防御手段，以减轻和解除心理紧张，求得内心平衡。在生活和学习中，个体经常会体验到挫折，这是正常的现象，能忍受挫折并保持人格完整和心理平衡，这是心理健康的表现。相反，如果潜意识中蕴藏了过多的痛苦经验和被压抑的冲动，超过了意识管理的能力，那么个体的人格完整就会被破坏。这时可以通过心理健康教育课程，努力创造条件，克服和改变环境中的种种不利因素。例如，升华作用就是一种积极的适应方式。当一些本能的冲动或者欲望不仅是意识所不能接受的，而且由于与社会道德规范或法律相违背，就可以将它们加以净化和提高，使之成为某种高尚的追求以保持心理的平衡，使受挫折的动机得以升华，使自身仍然获得成功的满足。

（3）倡导儿童游戏，重视情绪疏导

情绪是影响个体心理健康、导致心理异常的一个主要中介环节。这是因为由生理、心理变化以及环境刺激等因素而造成的各种情绪反应，可以导致包括神经系统和内分泌系统在内的生化系统的变化，使机体、心理活动和行为方式也发生相应的变化。游戏是建立积极情感、调整消极情感的途径。弗洛伊德认为游戏也有潜意识的成分，游戏是在幻想面纱下的真实事物，游戏能补偿个体现实生活中不能实现的愿望，把想象中的事物与现实中的事物联系起来，并从中获得快乐。游戏又能再现那些难以忍受的体验，宣泄和抒发情感，缓解心理紧张，使儿童能克服困难，减少忧虑，发展自我力量，从而能应对现实的环境。

（4）构筑适合儿童年龄特点的道德观念

弗洛伊德认为，儿童在和环境的交往中，不仅发展了"自我"，而且还知道了什么是对的、什么是错的，能够对正确与错误做出判别，这就是人格中的"超我"，它对维护儿童的心理健康具有重要作用。如何发展儿童健康的"超我"，最重要的是通过心理健康教育课程，合理构筑适合儿童年龄特点的道德观念。

### 2.行为主义理论对心理健康教育的启示

依据行为主义理论，人的心理和行为障碍大多是在后天环境中习得的，同样也可以通过学习正确的行为模式加以克服，用好的行为习惯代替不好的行为习惯。学校辅导教师的任务就是为这种学习创造适当的条件，包括选择、设计合理的行为程序，提供强化措施并监督实施等。如角色扮演法，指扮演与来访学生问题有关的特定人物，将其可能出现的行为表现出来，以启发来访学生对人际关系及自我情况有所觉知。该方法多用于社会技能训练，也用于改变来访学生的旧有行为，并进而改变他们对某一问题的看法。程序为：

（1）找出典型事例（如某女生希望能够以比较成人化的方式与母亲交流）；

（2）鼓励学生尝试几种不同的交流方式，此时辅导教师根据来访学生的情况介绍，扮演其母亲；

（3）交流分析刚才的扮演情况并选择一种合适的比较成人化的与母亲交流的方式；

（4）重新扮演并商讨交流过程中可能遇到的各种情况，以锻炼与母亲交流的技能。在扮演过程中还可进行替换练习，即由来访学生来扮演母亲，以帮助其增强对对方角色的体验。角色扮演可以在来访学生与辅导教师之间进行，也可以在小组中进行。

### 3.认知主义理论对心理健康教育的启示

基于认知主义理论发展起来的认知疗法，于20世纪60年代在美国产生，是根据人的认知过程影响其情绪和行为的理论假设，通过认知和行为技术来改变学生的不良认知，从而矫正并适应不良行为的心理治疗方法。认知疗法的基本观点是：认知过程及其导致的错误观念是行为和情感的中介，适应不良行为和情感与适应不良认知有关。认知疗法常采用认知重建、心理应付、问题解决等技术进行心理辅导和治疗，其中认知重建最为关键。认知疗法的主要着眼点，放在学生非功能性的认知问题上，试图通过改变学生对自己、对他人、对事物的看法与态度来改变所呈现的心理问题。因此，认知疗法的策略，在于重建认知结构。最具代表性的方法是理性情绪疗法。

### 4.人本主义理论对心理健康教育的启示

根据人本主义理论的基本立场，开展心理健康教育，就要充分尊重学生的主体地位，重视激发学生的积极性，引导学生发掘自我发展潜能。

（1）以学生为本，促进学生学习

对学生进行心理健康教育，应从学生的身心发展和实际需要出发，并以最终达到提高学生的心理健康水平为目的。实现这个目标需要充分调动学生学习的积极性和主动性，激发学生本身的兴趣和需要，促进学生自主学习。卡尔·罗杰斯（Carl Rogers）认为，每个人都有一种内在需求和动机，都有提高和自我实现的愿望。因此，课堂的内容能否满足学生的心理需要，是选择学生心理健康教育的内容时首先要考虑的问题。在课堂教学中，要以学生的实际情况为出发点，不断丰富与修改课程内容，使课程内容和学生心理需求紧密联系，帮助学生解决在适应环境、自我意识、人际交往、交友和情绪调节等方面的困惑，解决实际生活中所面临的难题，提高学生学习心理健康课的兴趣和动力，促进其主动学习。

（2）构建新的学习方式，实行探究式学习

传统的心理健康课上课时多采用讲授法，讲授法是一种接受性学习方法，这种教学方法在教学效果上有一定的局限性。根据罗杰斯的人本主义学习理念，心理健康课可采用探究式学习方法。探究式学习是通过学习者亲自探究进行的学习，可以总结为"做中学"的学习模式。"做中学"学习模式的具体思路是让学生首先在实际情境中发现问题，并且通过积极思考提出可能解决问题的方案，然后用行动来检验方案的正确性。以"学生社交能力训练"为例，可以先让学生了解自己在社交方面存在的问题，然后启发学生积极思考，构思解决问题的方案，并提供具体的情境，如心理剧、朋友聚会等，让学生在具体的问题情境中检验自己想法的合理性和可行性，学习和掌握社交技巧，促进其将学到的技能内化为自己处理人际交往的能力。探究式的教学方法已经成为备受重视的教育方法，这种教学方法充分体现了学生的主动性和能动性，使学生积极主动地参与到教学中，在参与活动中体验、感悟，从而促进心理成长。

（3）改革传统的教学评价，提倡"反思性教学"评价。由于人的心理具有内隐性，所以心理健康教育课程的教学效果也具有内隐性特征。一些学校采用以卷面考试作为评价学习效果的手段，这种评价手段容易使学生只重视理论知识的学习，而忽视内在心理健康素质的培养，会影响教学效果。根据罗杰斯的人本主义学习论观点，课程的评价可以采用"反思性教学"评价。"反思性教学"评价是指在教学中教师反思性教与学生反思性学的有机统一。具体是指教师与学生在教学的整个过程中各自进行反思和相互交流、沟通和整合，它是个体经验性反思与集体科学性反思的有机统一。这不仅有利于提高教师的教学能力和水平，还能从根本上保证学生成为学习的主人，促进学生为自己的学习和成长承担起责任，以使学习更加主动、有效和持久。

## （二）发展心理学与心理健康教育课程

### 1.心理健康教育与青少年心理发展关系密切

心理健康是学生成长的基础。心理健康教育所关心的是学生适应环境，适应社会，以及适应人际关系等操作性能力。在社会实践和学校生活中通过心理训练并反复强化，形成并内化为个人的行为习惯。心理发展就是个体的心理过程和个性心理在一生中随年龄增长而出现的变化，是在各种先天、后天、生理和心理因素的交互影响下，个体一生成长过程中的变化。要重视心理健康教育与个体心理发展的相互影响，努力在教育实践中促进心理发展。

发展心理学是对人的心理现象各个方面的发展与变化的研究探索，主要探讨个体从出生到死亡之间，随着年龄增长而出现的所有心理变化。包括动作、认知、情感、人格，以及社会性等方面的变化。发展心理学研究的意义在于正确地描述和解释人的心理发展的现象和规律，从而对个体的心理发展做出预测，积极地促进个体的心理发展。这些问题的探讨过程，能为更深入地认识心理学、认识人类自身提供帮助。

心理健康教育是一种有目的、有计划、有组织的对个体的影响活动。它是由心理健康教育方面的专业人员根据个体心理发展的特点，根据预先设想的目的，通过系统的、有组织的教学设计和实施，有意识地对个体产生影响的活动，对个体的社会适应能力进行有益的调节。

心理健康教育是促进心理发展的重要力量。发展心理学研究的直接目的就是为心理健康教育提供科学依据，帮助人们理解心理健康教育中的现象，提高认知水平，促进青少年的心理积极、全面的发展。心理健康教育的实施过程不仅有利于青少年心理健康水平的提高，而且丰富了发展心理学学科本身。

2.心理发展规律与心理健康教育课程

心理健康教育课程活动的开展需遵循青少年心理发展规律。以小学生为例，小学时代被视为人生一段非常关键和特殊的时期，是成长的奠基阶段，从这一时期开始，个体的生理与心理逐渐发育，进而不断完善。心理健康水平关系到个体的学习兴趣、认知水准、生活方式、行为习惯、心理素质、思想品德、自我意识与交往能力等，生理与心理因素相互影响，构成了每一个体极为复杂的成长过程。儿童心理在各个具体的年龄段呈现为不同的表现形式。总体而言，儿童心理具有敏感性、可塑性、阶段性以及差异性等特征，心理健康教育应遵循这些规律开展。

首先，儿童心理具有敏感性。儿童处于人生的初始阶段，对成人有着极强的依赖性，心智发育尚不成熟，他们具有较强的学习知识与行为的能力，因而心理发展十分迅速。倘若忽略儿童心理的敏感性，则会错失促进其心理发展的最佳时期，使其心理健康出现问题。儿童心理的敏感性存在着个体的差异，其出现的时机与持续的时间都可能不同，需对每一个体酌情对待。通过了解儿童心理的敏感性，能够更好地观察他们的行为，了解他们的需求，为其发展提供适时适当的条件。

其次，儿童心理具有可塑性。这种可塑性由最初的情感认知逐渐发展为日趋成熟的思维体系，以及无尽的好奇心与极强的探索精神。儿童具有十分丰富的情绪，感受力极强，推动着其智力的发展与进步。儿童的感知与情绪的成长，能促进其心理的成长，进而实现认知力的提升，逐渐实现身心的整体成长。因此，要尊重儿童的情绪与情感需求，尊重儿童的好奇心，同时要培养儿童多方面的认知力，使其在心理健康的各个层面都有所长进。

再次，儿童心理具有阶段性。儿童心理发展过程是渐进的，具有显著的阶段性。不同发展阶段之间既存在各自不同的特征，也存在各个阶段间的衔接性与渐进性。每个阶段之间有着密切的联系，同时每个阶段的前后次序不能颠倒或超越。通过了解儿童心理发展各个阶段的具体特征，掌握它发展的基本规律，有利于有目的、有计划、有组织地发展儿童的智力水平与个性特征，适当推动儿童心理发展的进程。

最后，儿童心理具有差异性。每个儿童作为独立的个体，其心理发展特征都是不同的，甚至是独一无二的。尽管儿童在各个年龄段普遍表现出相似的成长特征，但究其身心发展水平，依然存在个体的差异性。同时，在内外因素的共同作用下，每个儿童都面临着不同的心理发展条件，这意味着既存在心理健康发展的助力，也存在心理问题出现的契机。因此，要尊重儿童心理的差异性，根据每个儿童的具体情况进行个性化的教育，既要保证其心理发展的自由度，也要保证其成长环境的积极性。

因此，应重视个体的年龄、性别、性格等特征，使心理健康教育有的放矢、循序渐进。小学阶段涉及儿童早期、中期及后期直至青春期的开始，在个体发展的不同阶段，心理健康教育的重点也应有所不同。应重视学生的个性发展、协调发展、全面发展。

### （三）团体动力学与心理健康教育课程

通常的心理健康教育活动课程是以班级为单位，借助团体心理辅导及其相关的理论和技术为指导，以解决学生成长中的问题为目标的集体心理辅导活动形式。学生个体在班级团体的互动中会形成新的特质，而班级团体则会对学生个体的心理和行为产生重要的影响，这些变化和影响的来源可以称之为"团体动力"。因此，团体动力学理论是设计与实施心理健康教育课程活动方案不可或缺的依据。

1.团体的特征

作为一个团体,必须有两人以上的结合;作为一个班级团体,则一般应有30~50人的结合。但人数只是一种形式,判断一个团体是否为真正意义上的"团体",除了人数之外,还必须具备以下三个基本特征:

(1)有共同的目标

"有共同的目标"是团体形成的先决条件和根本原因,也是团体的重要特征。几个临时围坐在一张阅览桌旁的6个学生并不是团体,但是如果他们是为了共同编写一个校园心理剧本,那就是一个团体了。这就是说,一个团体中的成员是为了一个共同的目标而集合在一起的,他们或者是为了完成一定的任务,或者是为了构建一个共同的关系网络,或者是有共同的理想、兴趣、爱好和价值观,且志同道合走在一起的。

(2)有一定的结构与规范

团体是组织化了的人群,每一个成员在团体中"都占据一定的位置,执行一定的角色,承担一定的义务并享有一定的权利"。团体还会形成一定的规范,规定了成员可接受的内隐或外显的行为规则,群体成员之间的互动和各种活动都会受到这些团体规范的约束。

(3)有成员之间的互动

团体的成员有相互靠拢的感觉,会产生一种归属感,并形成团体的凝聚力,使成员间愿意分享共同的信念、态度,对团体产生心理上的依赖。团体成员之间还会发生一定的互动关系,这种互动可能是相互支持、信任、欣赏、鼓励、合作的正向互动,也有可能产生相互拆台、欺骗、指责、攻击的负向互动。

2.团体的功能

团体能够影响个人的成长,这是团体自身功能决定的。当然,这种影响可以是积极的和愉快的,也可以是消极的和痛苦的。

(1)团体提供了不同信息及多元反馈

团体的成员各有不同的成长背景与生活经验,因此在讨论问题时,往往能够从不同的视角发表意见,提供多元化的解决问题的方案。心理教育活动课之所以能够对学生的成长起到促进作用,正是由于团体的多元互动开阔了学生的视野,满足了学生大量吸收不同信息的需要，可以有效地弥补这一年龄段学生认知上的片面性带来的各种偏差和不足。

此外，团体还给成员提供了接受回馈的机会，只有在团体中，个体才可能有如此多的机会听到他人对自己的看法。团体中他人的建议、反应和看法都是很有价值并具有冲击力的。因为当你只听到一个人的回馈性意见时，你可能并不在意；但是当有五六个、七八个人对你都有相同的看法或反应时，你就很难去否认或者不予理会了。

（2）团体能改变自我概念并增进对他人的了解

在一个良性互动的团体中，每一个成员都可以将其他人看作是自己的一面"镜子"，因此便有了可以比较、对照的对象；而别人给你的反馈性意见，也能使你对自己在平时所没有察觉的自我个性有一个比较清晰的了解。这样便使自我概念的结构趋于更加客观与合理，同时也使个体对他人有进一步的了解，有助于和他人建立良好的人际关系。

（3）团体能使成员之间产生共同的感受或体验

当个体遭遇困难或情绪不佳时，常常会感到无助、孤独、失望，并误以为自己是"最不幸的人"。这些负向的情绪，有时在个别辅导的情境中会显得久拖不决、难以消除，但若是放在一个团体情境之中加以处理，却可能有意想不到的效果。因为在团体的互动分享中，个体会发现与自己类似境遇的人其实很多，于是他的孤独感便会大大降低，而应对困难的办法也会从团体中得到启发。

（4）团体创设了模拟现实生活情境的机会

团体是社会的缩影，是社会生活的真实反映，所以西方有学者称团体为"迷你社会"或"小小社会"。在学校里，班级团体同样是社会生活的缩影，学生之间的矛盾冲突，异性交往中的嫉妒吃醋，学习问题上的竞争合作，师生之间的关系协调……无一不反映着社会生活的真实面貌。所以，如果身处班级团体之中，却缺少参与团体中坦诚的互动，那么一旦离开学校，进入社会的真实世界时，就会无法适应社会生活的复杂关系与各种具体矛盾。

3.团体的动力

团体动力是指在任何时间内，发生在团体里的各种驱动性的力量，包括被人们觉察到的（如人际的互动、相互间言行的影响、团体认同的规范等）或者未被人们觉察到的一些现象（如团体的风气、舆论、潜规则等）。由于这些动力的存在，团体的运作才得以开始并持续下去。

（1）团体动力存在于成员互动的行为世界之中

任何一个团体一定都包含着一个"人与人相处的行为世界"，任何一个"人与人相处的行为世界"都建立在互动双方或多方如何认识外界现象或信息，以及互相之间如何对待、如何回应的基础之上。这样一个"人与人相处的互动世界"，就是我们每个个体所能知觉的"生命空间"。这就是说，团体就是每个成员所共享的生命空间，个体的生存、适应与发展都与这个共同构建的生命空间有着密切的关系。

（2）团体动力是团体中"力的磁场"

"力的磁场"这一理论是美国心理学家库尔特·卢因（Kurt Lewin）提出来的，它指团体中一种相互牵动的关系。概括地说，团体动力是由团体内部要素之间互动而产生的影响团体运作的社会力。这种社会力是动态的，会随着时空的变化而变化；这种社会力是有强度的，在不同的团体中，它会呈现出差异来；这种社会力是有方向的，它有着一定的运作趋向；这种社会力是可以感知的，它可以由身处其中的人所体会及知觉到；这种社会力是有影响的，它会影响到个人行为及团体的效能，与心理辅导活动课的操作实务息息相关。在心理辅导活动课上，团体动力主要表现在团体凝聚力、团体气氛、团体规范、团体活动的参与度及成员互动水平等几个方面。

（3）团体动力强弱的标志是团体气氛

团体气氛指的是一种团体的社交气氛，它是团体动力强弱的标志。班级团体的气氛可以反映在与群体互动相关联的情感或言语氛围、对班级群体的反应态度、学生的自我概念等方面。研究表明，对于中学生来说，直接影响其成就和心理发展的因素就是学校特别是班级的气氛。中学生总是将群体视为一个参照系，积极主动地建构自我，所以班级气氛（实际上是一种"群体压力"）在一定程度上也强制"塑造"自我，这一点在心理辅导活动课中往往表现得相当明显。心理辅导活动课的现场为学生提供了一种较之平时更为广泛的社会化交往，使中学生得以利用一个新的更大的信息来源，这些信息包括价值观、可供考虑的选择、性别作用、社会规范、发展可能性等。这些信息通过群体中的互动对学生的成长发挥着潜在的影响。但是，这些群体互动通常会产生哪种效果呢？它会是积极的？抑或是消极的？这与班级的气氛有很大的关系。班级气氛影响参与者的心态，参与者的心态影响讨论的方向和结果。教师要营造一种真正民主的班级气氛，打消班级成员的消极防卫心理和消极从众心理，使得每一个成员在活动中都敢于展示自我，说出自己的真心话。这是心理辅导活动课能否真正取得实效的极为重要的一环。

（4）团体动力的要素

团体成员的互动会产生团体动力，构成团体动力的要素分别扮演不同的角色：

①领导者。这是团体的核心且是最有力量的人，他的想法影响所及，不论团体成员或整个气氛都会改变。领导者可以协助保持团体的内外关系，促进成员间的互动，以达成团体目标。他能提供计划、组织、协调、沟通、指导、激励、团结、考核等多项功能。

②团体目标。任何团体的形成，都有其团体存在或发展的目标。明确的目标能指引团体的方向，使成员共同投入时间及精神；反之，如果目标不明，就容易使成员因灰心而离开团体，甚至于破坏团体。

③成员个别化特质。团体的形成必须由个别的成员组成，个别成员皆具备不同的背景、生活环境、人格特质、价值观。当个别成员加入团体后，在团体中与其他成员的互动，方能使团体的生命力源源不断。

④环境。团体所处的环境，不论物理环境、心理环境或社会环境都会对团体产生影响。其中，物理环境主要指空间大小，心理环境主要指安全感，社会环境则指团体中的次文化或小团体以及团体外的城乡风土民情。这些因素都或多或少影响着团体成员及团体的发展。

（5）团体的结构

团体的结构可由几个向度来看：

①大小。团体越大，成员的意见越容易产生分歧，团体规范也就越重要；团体越小，成员间的联系越紧密，成员彼此的互动越多，团体气氛也较易营造，成员个别的需求较易满足。

②规范。规范是在团体或社会情境中，共同认为适当的期待、想法或行为，也就是领导者及成员必须共同遵守的行为准则。

### 4.团体动力学理论对心理健康教育课程的启示

（1）班级凝聚力的营造

新生开始可以说是团体的初始阶段，需要使用较多的团体动力技巧或概念来营造上课气氛。当班级的团体凝聚力高时，一般辅导活动教师并不需要花太多力气就可以很快地使全班学生一起配合做活动。教师的班级经营技巧非常重要，而班级经营的好坏也会直接影响该班的团体凝聚力。

（2）活动目标的设计

所选活动的目标需符合团体的整体目标。心理健康教育活动课程面对的是整个班级，不是解决个别学生的个别问题，团体目标中要有一项以上符合团体成员的需求，才能吸引成员的投入，真正激发团体的能量，共同向目标努力。因此，选择活动目标要更多地倾向发展团体信任、学会自我接纳、容忍别人、学习做出决定并接受其结果、澄清自己的价值观、增强关怀别人的能力、学会善解人意、尝试改变自己的行为等共性目标。当团体目标有问题时，应实时作修正，方能使团体的凝聚力重新强化。

（3）活动场所的合理选择与布置

目前虽然有部分学校心理健康教育活动课程有专门的团体辅导室，但大多数学校心理健康教育活动课程依然在班级内进行。因此，活动的场所是否恰当需要认真考虑：

①空间大小。大空间可以安排活动性课程，空间小就得尽量安排相对静态的课程。建议学校应准备专门的活动课教室，教室布置要让学生感觉到放松、无拘束，区别班级中的沉闷和格式化。

②座位安排。分组而坐容易讨论，适合 30 人以下的团体；一排一排的座位较易专心上课，但学生容易觉得无聊。建议小组座位应该以 3~6 人的小组弧形排列、圆形排列、马蹄形排列为主要形式，再以这些小组为单位，组合成全班的圆形、方形、扇形、弧形、梅花形、散点式、对抗式、鱼缸（内外两圈）式等人际交流互动模式。小组组合的方式应该是随机的，例如采用数字抽签分组、动物抽签分组、拼图分组、诗句分组、英文字母分组、扑克牌分组、以组长为核心自由分组等，其目的就在于让每个学生在每次活动中都可以结交到新的伙伴，以便将团体的互动功能

发挥到极致。

③心理环境。主要是安全感，不论团体大小，领导者与成员间彼此的相互信任是相当重要的，这样才能营造安全的气氛，教学或活动方能进行。

（4）活动环节的设计

精心设计好活动形式是辅导成功的关键。一个好的活动设计往往可以激活整个团体，使学生中各种潜在的成长困惑浮出水面，而各种解决问题的方案、策略、观点也容易从团体中生发出来。在操作上，要注意将它与一般的心理健康教育讲座加以区分。班级心理辅导课必须精心设计好一个又一个基本的活动板块，在辅导过程的每一个环节上真正让学生动起来。

（5）活动课规则的合理制定

成功的心理活动课没有规则是不行的。但规则是一把"双刃剑"，越严谨的团体，其团体规范越严格，成员所受到的束缚感越重，个别自由较低，但因规范程度高，领导者反而较轻松，可以降低其个人权力及控制力。反观松散的团体，其成员自主性高，意见表达自由而充分，但常得花更多的时间来沟通，以达成共识。如何创建既有益于学生的热情参与，又能保证活动顺利进行的规则，需要教师在实践中总结和"平衡"。

（6）对心理教师（领导者）的要求

心理教师应该熟悉各种团体的性质，例如，能区分辅导性团体、咨商性团体、治疗性团体的不同；也需明白团体的历程，在前、中、后的不同团体阶段，都能随时调整自己，修正自己，以团体目标为导向，以团体成员的利益为优先，使团体活动能顺利进行。因此，心理辅导教师应强化自己的领导能力，并兼顾团体大部分成员的利益及团体成立的宗旨，这对其个人及团体而言都是相当重要的。

选择好的而且是正确适合的活动，对团体全体成员而言是莫大的幸福，所以领导者应慎选或设计适合的活动方式。总之，团体动力学理论不仅为心理健康教育提供了理论依据，而且为活动过程中团体气氛的创设，教师的作用等提供了重要的研究成果。

## （四）群体心理学与心理健康教育课程

### 1. 课堂群体

课堂里的学生通过相互交往，形成各种群体。所谓群体，是介于组织与个人之间的人群结合体。具体是指在组织机构中，由若干个人组成的为实现目标而相互依存、相互影响、相互作用，并规定其行为规范的人群结合体。它的基本特征是：群体由两个以上的个体组成；具有共同意识到的群体目标；具有共同认同的群体规范。

### 2. 正式群体与非正式群体

正式群体是由行政部门明文规定的群体，其成员有固定的编制，职责权利明确，组织地位确定。班级、小组等都属于正式群体。正式群体的发展经历了松散群体、联合群体和集体等三个阶段。松散群体是指学生只在空间和时间上结成群体，但成员间尚无共同活动的目的和内容。联合群体的成员已有共同目的的活动，但活动还只具有个人的意义。集体则是群体发展的最高阶段，成员的共同活动不仅有个人意义，而且还有重要的社会意义。

在正式群体内部，学生会在相互交往的基础上，形成以个人好恶、兴趣爱好为纽带，具有强烈情感色彩的非正式群体。课堂里的非正式群体主要是同辈群体，比较常见的同辈群体有朋友与小集团。非正式群体对个体的影响是积极的还是消极的，主要取决于它的性质以及它与正式群体目标的一致程度。课堂管理必须注意协调非正式群体与正式群体的关系。

首先，要不断巩固和发展正式群体，使班内学生之间形成共同的目标和利益关系，产生共同遵守的群体规范，并以此协调大家的行动，使班级成为坚强的集体。其次，要正确对待非正式群体。对于积极型的非正式群体，应该支持和保护；对于中间型的非正式群体，要持慎重态度，积极引导，加强班级目标导向；对于消极型的非正式群体，要教育、争取、引导和改造；而对于破坏型的非正式群体，则要依据校规和法律，给予必要的惩戒。

### 3. 群体动力

影响群体与每个成员行为发展变化的力量总和称为群体动力。包括群体凝聚力、群体规范、群体气氛（课堂气氛）以及群体成员的人际关系（课堂人际交往与人际关系）等。教师在课堂管理过程中要善于利用这些群体动力，实现课堂管理的促进功能。

（1）群体凝聚力

群体凝聚力是指群体对每一个成员的吸引力。它可通过群体成员对群体的忠诚、责任感、荣誉感、成员间的友谊感和志趣等来说明。群体凝聚力对课堂管理功能的实现有重要影响，常常成为衡量一个班级集体成功与否的重要标志。教师应采取措施提高课堂群体凝聚力：①全面、及时了解群体的凝聚力情况；②帮助课堂里所有学生对一些重大事件与原则问题保持共同的认识与评价，形成认同感；③引导所有学生在情感上加入群体，以作为群体的成员而自豪，形成归属感；④当学生表现出符合群体规范和群体期待的行为时，就给予赞许与鼓励，使其行为因强化而巩固，形成力量感。

（2）群体规范

群体规范是约束群体内成员的行为准则，包括成文的正式规范和不成文的非正式规范。正式规范是有目的、有计划地教育的结果。非正式规范的形成是成员们约定俗成的结果，受模仿、暗示和顺从等心理因素的制约。美国心理学家穆扎弗·谢里夫（Muzafer Sherif）的研究表明，群体规范的形成经历三个阶段：①相互影响阶段；②出现一种占优势的意见；③由于趋同倾向而导致评价、判断和相应行为上的一致性。

群体规范会形成群体压力，对学生的心理和行为产生极大的影响。在群体的引导或压力下，成员有可能放弃自己的意见而采取与大多数人一致的行为，即从众。群体规范通过从众使学生保持认知、情感和行为上的一致，并为学生课堂行为划定了方向和范围，成为引导学生行为的指南。但也可能影响到学生的创造性思维的激发和个性的展现。

（3）课堂气氛

课堂气氛是班集体在课堂上所表现出来的心理气氛，通常是指课堂里某些占优势的态度与情感的综合状态。具体而言，是指课堂活动中师生相互交往所表现出来的相对稳定的知觉、注意、情感、意志和思维等心理状态。一般认为，课堂气氛是由教师的教风、学生的学风以及教室中的环境作用所形成的一种心理状态。我国学者将课堂气氛划分为三种类型：

①积极的课堂气氛。这是恬静与活跃、热烈与深沉、宽松与严格的有机统一。也就是说，课堂纪律良好，学生注意力高度集中，思维活跃。师生双方都有饱满的热情，课堂发言踊跃。

②消极的课堂气氛。消极的课堂气氛常常以学生的紧张拘谨、心不在焉、反应迟钝为基本特征。

③对抗的课堂气氛。对抗的课堂气氛实质上是一种失控的课堂气氛。教师失去了对课堂的驾驭和控制能力。学生在课堂学习过程中各行其是，教师有时不得不停止讲课来维持秩序。课堂气氛会影响学生的学习效率和人格发展。教师是课堂教学的组织者、领导者和管理者，良好课堂气氛的营造需要教师精心组织与主动创设。教师的课堂运作能力、移情能力、期望、焦虑等条件会影响课堂气氛。

(4) 课堂人际交往与人际关系

课堂人际交往是教师和学生凭借一定的符号系统（语言和非语言）在课堂里实现的传递信息、沟通思想和交流情感的过程。人际关系是人与人之间在相互交往过程中所形成的比较稳定的心理关系或心理距离。它的形成与变化，主要取决于交往双方满足需要的程度。吸引与排斥、合作与竞争是课堂里主要的人际关系。

4.班集体与心理健康教育课程

(1) 班集体的内涵与特征

班集体不同于班级。班级是校内行政部门依据一定的编班原则把几十个年龄和学龄相当、程度相近的学生编成的正式群体；班集体是按照班级授课制的培养目标和教育规范组织起来的，以共同学习活动和直接性人际交往为特征的社会心理共同体。在学校教育中，良好的班集体对学生健康成长是非常重要的，班集体建设是教师的中心工作。班集体具有如下特征：第一，班集体是一个以学生亚文化为特征的社会群体，它传导和积淀着班级制度的社会文化基因（教育目标、规范和组织模式）；第二，班集体是一个以教学为中介的共同活动体系，它以课堂教学为中介，整合学校、社会、家庭的教育影响，社会化的共同学习活动是班集体形成和发展的主要整合因素；第三，班集体还是一个以直接交往为特征的人际关系系统，正是交往和人际关系，动态地反映了集体与个体、个体与个体、集体与环境的相互作用，标志着集体形成的过程；第四，班集体是一个以集体主义价值为导向的社会心理共同体，集体心理的统一性和社会成熟度综合反映了集体主体性的水平。

（2）班集体发展的阶段

班级从其初步形成到巩固成熟是一个连续的动态的过程，一个优秀学生班集体的形成，一般要经过如下过程：

①组建阶段。学生初进学校，同学们尽管形式上同属一个班级，实际上都是一个个孤立的个体。班集体靠教师组织指挥，靠行政手段组织班级。班集体的目的和任务都来自教师个体的自身要求。

②形成阶段。同学之间开始相互了解，在教师的引导培养下，涌现出了一批积极分子，班集体有了核心人物，开始协助教师开展各项工作。但是，班集体受教师的组织指挥，正确的舆论与良好班风尚未形成。

③发展阶段。这一阶段班集体已成为教育主体。不仅学生干部，多数学生也能互相严格要求。教育要求已转化为集体成员的自觉需要，也无须外在监督，已能自己管理和教育自己。同学之间团结友爱，形成强有力的舆论与良好的班风。勤奋学习，各项活动表现良好。

④成熟阶段。这一阶段是班集体趋向成熟的时期，集体的特征得到充分的体现，并为集体成员所内化，全班已成为一个组织制度健全的有机整体，整个班级洋溢着一种平等、和谐、上进、合作的心理氛围，学生积极参与班级活动，并使自己的个性特长得到发展。

班集体不是自然形成的，任何一个班集体的形成，都会经历组建、形成、发展的过程，这实际上也是一个教育培养与社会化的过程。

（3）班集体心理健康教育

实现学校心理教育目标，光靠心理辅导教师的个别咨询是难以完成的，需要探索集体辅导的模式。充分发挥集体教育在学校教育中的能动性，是我国教育的传统特色之一。教育传统优势与现代教育理念相结合，可以达成班集体建设和心理教育的双赢。

所谓班集体心理健康教育，是在班集体建设过程中同时对学生进行心理教育，即以班集体教育理论与团体心理辅导及相关的理论、技术为指导，以班级为单位的集体心理健康教育活动。

班集体心理健康教育不同于一般的班级主题活动。班集体心理健康教育的范围比较集中，主要围绕学生的心理发展与健康，其活动设计需要有系统的心理辅导理论框架和专门技术为支持，以学生的成长需求为出发点，并以此作为活动主题。如学习困扰、人际交往问题、自我意识等。班级主题活动包括德育、智育、体育活动和社会实践活动等，其设计不一定有理论结构，既可以围绕学生个人，也可以围绕社会，由于它是学校德育的一种形式，往往更具有社会取向。

班集体心理健康教育也不同于团体心理辅导，虽然班集体心理健康教育以团体心理辅导理论为依据，但二者在形式上有很大的不同。团体心理辅导的规模比较小，团体成员的构成可以是同质的，也可以是不同质的；辅导目标可以是发展性的，也可以是矫治性的；一般需要专业人员来承担。班集体心理健康教育则主要是发展性的，可以由受过一定培训的教师来承担。

从内涵上讲，班集体心理健康教育同班级心理辅导课更相近，所不同的是，班级心理辅导课是以"课"的形式对全班进行心理辅导，而班集体心理健康教育既可以在课堂上进行，也可以在课堂以外进行，在时间和空间上更为灵活。

班集体心理健康教育体现了"以人的发展为本"的教育理念。现行的学校教育存在许多压抑学生自主发展的弊端。例如，学科取向的课程体系强调系统的学科知识体系、划一的教学目标，难以顾及个体发展的差异性和特殊需要。教师工作以灌输和说服教育为主，有时甚至是压服。引进心理健康教育以后，转变为以有针对性地开展有意义的活动为主，通过学生参与、体验和感悟，帮助学生认识自己，开发自己的潜能，获得自助能力，极大地调动学生的主动性。

## 三、心理健康教育课程的社会学基础

### （一）心理健康教育课程的社会学理论

教育社会学的百年历程中形成了三大流派，即功能理论、冲突理论、解释社会学，它们从不同的角度透析了学校课程。有学者概括，至20世纪80年代初，课程社会学形成了四种研究范式：功能主义范式、解释论范式、新马克思主义范式、结构主义范式。之后，又出现了一些新的社会学理论取向，如后现代主义的社会学理论、女性主义社会学理论、反思社会学理论等。下面尝试基于有关理论分析心理健康问题及心理健康教育课程的社会学意义

1.结构功能论的观点

功能理论又称结构功能主义、和谐论或均衡论，形成于20世纪30年代，鼎盛于20世纪60年代。该理论强调社会系统结构和功能，强调社会各部分都是在协作的基础上有秩序地为实现社会的需要而发挥作用，重视社会稳定的意义。功能主义以"结构与功能""整合""稳定""和谐"等概念和原理为立论基点，强调社会整合、共同的价值观念和社会稳定。在教育社会学领域，重视教育与社会机构的关系，无论是教育的社会化功能还是选择功能，都较注重教育机构发生作用及产生影响的环境，引导人们去注意社会阶级、种族、性别等因素对学生成绩的影响；重视考察社会文化、环境、家长职业等因素与学生学业成败的关系。

根据结构功能主义的立场，心理健康问题乃是一种社会事实，是"社会失调"的结果。社会的每一部分都对总体发生影响，由此维持了社会稳定，当结构的差异和变化打破了社会的功能平衡、导致社会现有格局瓦解与整合功能失调时，个人就无法找到安全的社会位置，这就会造成人们的情感缺位和紧张焦虑。换言之，是由于"社会失调"而导致出现紧张、焦虑、疏离感乃至疯癫、自杀等严重心理问题，而且这种现象在社会急剧转型期、社会的失范状态下有急剧上升的趋势。从我国的现实状况来看，当下转型时期的政治、经济和文化系统显然存在着一些功能缺失与功能失调现象，如社会保障功能的滞后使得一些弱势群体得不到及时有效的社会支持；教育功能的偏差使得人的情志品质和适应力得不到应有的锻炼与培养；社会关怀功能的缺失使得人的精神焦虑和心理创伤得不到充分抚慰；社会监督制衡功能的失效导致各种腐败、歧视、越轨和不公平现象，等等。所有这些都会对人的心理造成负面的冲击和影响。

埃米尔·杜尔凯姆（Émile Durkheim）从社会本位论观点出发，认为教育的全部作用就在于使受教育的青年一代社会化，首提教育的根本功能就在于使个体"社会化"与"专门化"，认为社会应该关注具体的、客观的社会事实，要对作为集体生活之结果的人类行为的各要素予以假设、观察和检验。个体社会化是社会和个体

的共同需要，教育的目的在于使"年轻一代系统的社会化"，具体说就是加强个体间的社会凝聚力，最好的方法是把集体的意识灌输给个体，使他们顺应社会生活方式。相应地，学校课程必须使学生适应他们生活在其中的社会环境。促进个体的心理社会化是心理健康教育课程一个重要的目标。在国家心理健康教育的各种政策文本中，明确指出要在教育中培养个体的心理素质、服从道德教育的根本目的。在心理健康教育课程中应当多关注青少年社会性的发展，将课程寓于游戏、活动、生活等各个方面，渗透在家庭、社区、校园等多个环境中。在课程实施的过程中注重老师、家长和青少年的交流，以及青少年同伴之间的交往，关注青少年的行为表现。

塔尔科特·帕森斯（Talcott Parsons）主张：

（1）把学校、班级和家庭都看作一种社会体系，社会体系具有被其成员共同分享的价值体系；

（2）教育作为一种社会机构，主要是传授基本的价值观念和技能，从而帮助学生进入适当的社会位置，教育决定个体的角色及活动方式；

（3）学校为所有的学习者提供平等的机会。因此，心理健康教育课程作为社会子系统——学校中的有机构成部分，应当从社会核心价值体系出发，订立适合青少年发展的目标，以此来确定相应的课程和活动目标，使青少年在课程结束后达到一定的学习效果。应当根据青少年的普遍发展规律，考虑青少年的整体发展水平，尽可能地促进心理健康教育的公平性，同时也要因材施教，考虑青少年的发展水平也存在一定的差异。

美国学者罗伯特·金·默顿（Robert King Merton）提出，人类学有三个功能论假设：

（1）社会功能一致性假设：社会功能具有某种功能统一性。

（2）功能普遍性假设：所有标准的社会的或文化的形式都有其积极功能。

（3）功能不可或缺性假设：某些社会功能不可或缺，否则社会或个人无法生存，为实现这些功能，某些社会形式或文化结构不可或缺。

这三个假设及其欠缺所带给我们的启示是：要将功能论的认识方法运用在心理健康教育课程上，探讨其在教育、社会、文化、个体发展以及对整个教育课程体系的影响等各个方面的功能（包括不能忽视或需警惕不当心理教育的负功能），以此合理把握心理健康教育课程的价值与意义。

可以认为,心理健康教育课程的功能贯穿于整个教育之中,且其多重性功能对人的发展和社会的发展是至关重要的,因此我们要重视心理健康教育课程,确立正确的心理健康教育课程价值取向,与时俱进,不断促进心理健康教育课程的改革。

应该看到,结构功能论也存在一些弊端,如往往引导人们去注意社会阶层、种族、性别等因素对学生成绩的影响,考察社会文化、环境、家长职业等因素与学生学业成败的关系。导致忍受考试和接受考试的结果视为学生受教育过程中不可缺少的方面,而忽视了考试后面的不公平现象和现代社会的"考试地狱"现象对学生身心造成的巨大伤害。功能论还强调"整个教育活动在某种程度上都应该服从国家所施加的影响"——把纪律、忠诚、自制归结为德行三要素,视学科和进行具有道德性质的教学为道德规范内化的主要途径。这种认识会导致在心理健康教育课程中将青少年的道德教育摆在一个重要的位置,但也可能由此造成以道德教育凌驾于心理教育之上或简单地以道德教育的方法处理心理教育问题的做法。功能论还忽视了课程与其他社会事实的冲突以及课程本身诸要素之间的冲突,导致不能看到或忽视不当的心理教育造成的负面效果,忽视心理教育过程中隐蔽的社会公平问题等;甚至按照功能论的逻辑,学校课程的目的是要使学生社会化,理解并接受自己在社会中的位置,按照这种观点,如果社会上的一些重要人物认为数学和自然科学是重要的科目,音乐和美术不那么重要,那么学生和家长便只得面对这种现实。学生只要数学和自然科学成绩好,就可以多接受些教育,并被训练成在社会上扮演支配者角色的人。而那些学习成绩不佳者,则不用接受更高级的教育,将来在社会上扮演受支配的角色,而我们知道音乐和美术这些在"应试"教育环境下的所谓"边缘"课程,恰恰对于丰富学生心灵、促进学生心理健康有着不可替代的作用

**2.冲突论的观点**

如果说功能主义强调社会整合、共同的价值观念和社会稳定,那么冲突论则强调社会矛盾、权力差异和社会变化。

冲突论认为,社会本身是特定阶级为了保持对从属阶级的控制而构建的。每一个群体都试图维持或提高各自的社会地位,所以各群体之间的目标是相互矛盾的。各群体之间的这些连续不断的权力斗争,导致了一个始终变化的社会。

依据冲突社会学理论，对心理健康问题的理解与功能论恰恰相左。如兰德尔·柯林斯（Randall Collins）指出，人们总是力争最大限度地提高自己占有的稀缺资源的数量，而那些已占有较多资源的人又总想使用各种手段巩固自己的既得利益与地位，这就必然形成了社会冲突。可以认为人们对有限资源的争夺是社会变迁以及众多社会问题产生的主要根源，社会竞争与不公平分配等所造成的冲突和紧张，也是引发各种心理问题的首要原因。因此，从社会冲突的角度来认识和解决心理问题，是一个值得重视的思想方法。有研究介绍，在20世纪60年代，人们开始从社会生活的角度研究心理疾病的成因，其中"压迫理论"的代表人物——美国的精神病学教授托马斯·萨兹（Thomas Szasz）提出"根本不存在心理疾病"这一著名论断，为人们广泛引用。他认为，现代西方精神病学专家所说的各种心理疾病，并不是像生理疾病那样的严格意义上的疾病，不过是人们所做的一种价值判断。有些人不愿遵守社会准则，行为背离了社会公认的标准，于是精神病专家和社会就会采取行动，把这些违背社会准则的人隔离开来，对其进行强迫治疗，直至他们按社会准则行事。萨兹认为，这种心理疾病的治疗纯粹是一种多数人对少数人的歧视和压迫，是不公正不人道的。还认为个体行为的偏离和异常并不等于心理疾病，他们在生理和解剖上是健全的。从最终原因来看，这种行为的偏离是在社会，特别是家庭环境的压迫下形成的。"压迫理论"论纠正了20世纪以来对心理疾病的夸大化和神秘化的倾向，认为心理疾病并非人固有的，而是环境挤压和社会所贴标签造成的，这有利于人们认真地去思考这一社会与心理问题。

因此，根据冲突论的基本观点，心理健康问题往往是"社会冲突"的结果与表征。社会各群体、各阶层由于利益的争夺而引发的紧张会成为引发心理健康问题的持续原因，在某些情况下还会以较为极端的心理事件与行为表现出来。如社会弱势阶层、社会地位迅速下滑的群体或个体会因为所处的弱势地位而引发极度的心理失衡心理、相对剥夺感心理等。中等以上社会阶层的群体或个体也会因为激烈的社会竞争引发诸如焦虑、紧张、失眠、强迫症等身心问题。

进一步来看，在教育社会学领域，冲突理论把学校看成是社会上不断变化的相互作用的焦点，注重分析冲突、变化、压迫、学校内部以及学校与社会之间的权力关系。以此为理论基础，冲突理论将课程视为统治阶级传递意识形态、进行阶级关系再生产的工具,同时也是经济与文化上的权力群体与希望课程更能反映自身文化与政治传统的普通阶级之间冲突的结果。

## (二)心理健康教育课程的社会学属性

### 1.课程的本质在于实现社会控制

课程的本质在社会学意义上是社会(统治阶层)对其未来成员(学生)加以控制(亦即社会控制)的一种中介。这里所谓社会控制是指依据规范、价值、信仰等社会力量调整人们行为的过程。种种社会力量在不同的社会阶段有时是和谐的、标准趋同的,有时是冲突的。当相互冲突时,则需一种统一的社会力量来实施社会控制。因此,课程有时是社会力量和谐的产物,有时是社会力量冲突的结果,只是因特定社会、不同时期的各种社会力量所表现的和谐和冲突的程度不同而异。英国教育社会学家艾格莱斯顿(Eggleston)曾经将课程与社会控制的问题分为两个层面:一是"社会对课程的控制",其成功的标志是符合社会主流价值取向的课程最终编制成形;二是"通过课程而实现的社会控制",其成功的标志是课程知识最终被学生内化为其文化结构的有机成分。前者是课程形成过程,直接参与这一过程的主体主要包括教育行政机关的课程决策者、课程计划制定者、课程标准编订者及教科书编撰者等;后者是课程实践过程,直接参与这一过程的主体主要包括学校的课程管理人员、教师及学生等。

### 2.心理健康教育课程的目标、内容与国家意志相一致

"课程目标"是国家主流意识形态在教育知识中的一种价值宣言。"课程标准"中的"目标"(教学目的)部分明示着作为国家主流意识形态代言人的课程编制者对于课程的价值定位,其"内容""纲要"及"要点"之类的部分则显示着课程被锁定的价值取向的基本架构。课程目标是在价值观念上与国家主流意识形态之间吻合程度最高的一个课程范畴,其吻合程度远超过"课程结构""课程内容"及"课程授受"等其他课程范畴。而课程内容主要表现为教科书,其是根据"课程目标"编撰而成的一种系列文本。教科书的编撰者在选择或撰写这种文本时不可能随心所欲,而是必须遵循课程目标所规定的价值要求,选择那些能够体现国家主流价值观念的材料。这样,教科书便成了国家主流价值观念的载体,履行着"意识形态的守

护职能"。

心理健康教育的课程目标与内容也是如此,我国的学校心理健康教育课程总体上是与中国特色社会主义核心价值体系相一致的,政府部门在相关文件中甚至明确将其纳入德育的范畴。课程内容的另一方面的社会学含义,在于它在价值观念上同课程目标及国家主流意识形态之间可能存在"偏离",其原因与教科书编撰者自身的价值取向的偏离、个体文化的较为强固的定式影响、教科书文本本身可能存有多义性等有关。心理健康教育课程实际上也可能存在这种现象,如一些教材存在机械照搬国外理论、缺乏辩证分析的情况。

## 第二节 心理健康教育课程的设计要求

### 一、心理健康教育课程的设计依据

#### (一)心理健康教育课程内容的选择依据

心理健康教育课程的设计思路应贯穿学生整个学习生涯,而不是狭隘地把心理知识拼凑在一起,忽略了学生的年龄特征、对知识的接纳程度与运用方式。学生心理随着年龄的增长从不成熟向成熟逐渐发展变化。一般来说,随着年龄的增长,学生的心理由低级向高级,由简单向复杂,由不完善向完善发展,具有阶段性和连续性的特点,不同年龄阶段的学生具有不同的心理年龄特征,而且即使是同一阶段学生的发展水平也存在差异,导致学生在成长过程中遇到的心理困惑和产生的心理问题有所不同,实际需要也不同,因而心理健康教育课程要实现课程的目标,就应考虑学生的心理发展特点,有针对性地选择课程的内容。同时,教育心理学的理论也同样为课程内容的确定提供了依据。教育心理学认为,教育具有促进学生心理发展的作用，但教育要发挥其应有的作用，必须尊重学生的心理特点，按照学生心理发展的特点和身心发展规律进行有的放矢的教育，只有这样，才能有效地促进学生心理的健康发展。心理健康教育课程应以学生中存在的实际问题为主要内容，强调根据学生的心理特点和身心发展规律有针对性地开展活动。

心理健康教育课程的设计不仅要结合学生的心理年龄特征、接纳知识的方式，还要考虑整个课程体系的连贯性与规范性，才能避免同一主题的心理知识在不同学龄阶段出现同一层面上的知识重复或知识脱节的现象，确保每位学生对于心理健康知识的获取与运用合乎时宜，才更利于学生健康全面地成长。

### （二）心理健康教育课程采用的形式

一般心理健康教育课程采用活动课的形式，以活动为载体，将课程的内容内化为学生的心理品质。为什么必须采用活动的形式，其深层次的原因可以从现代心理学理论中进行发掘。心理学家皮亚杰认为活动是一切认识和心理产生的源泉，将活动视作其整个认识理论的逻辑起点和中心范畴，从心理学的角度论证了个体的认识产生于主体的活动，活动时主体认知结构不断形成、丰富和发展。他认为，主客体的相互作用、主客体的分化都离不开活动这一中介物，借助于活动，主客体得以不断地互为建构，体现了主体的能动性和认识发展的无限性。

苏联心理学家阿列克谢·尼古拉耶维奇·列昂捷夫（Alexei Nikolaevich Leontyev）的活动理论认为：人的心理的产生离不开活动的发展，活动是心理学研究中具有发端性的基本范畴；活动是主客体间的相互作用、相互转化的中介物；活动可以分为外部实践活动和内部心理活动两大类，它们之间可以不断地相互转化，既有活动的内化过程也有活动的外化过程。所谓内化就是将外部物质性对象的外部形式的过程转变为在智慧方面、意识方面进行的过程；而外化则是指心理活动向外在的实践活动的转化。活动是意识和个性的开端，人的意识和个性是在活动中形成和发展的，同时又通过活动表现出来；反过来，人的个性、意识的发展又能促进活动的发展，二者是相辅相成的。这些观点都为心理健康教育课程采取活动的形式做出了说明，都把活动作为心理学最重要的开端，都强调活动是主客体相互作用的终结，都肯定了活动的内外化说，都在一定程度上揭示了心理活动于个体心理品质形成、个性发展等的作用，进而为心理健康教育课程必须通过活动来促进学生发展尤其是心理品质发展的构想提供了重要的理论依据。

### （三）心理健康教育课程组织形式的选依据

当前我国心理健康教育课程以班级集体教学为主要组织形式，这种形式的教学可以充分发挥合作学习的优势，同时也较为适应当前我国学校教育中以班级授课制为主的现状。美国著名心理学家库尔特·勒温（Kurt Lewin）关于团体对个体行为的影响的团体动力学说，为当前心理健康教育课程的合作学习提供了理论依据。团体动力学理论着重从本质上探索团体内各种潜力的交互作用，团体对个体行为的影响等内容，认为团体并不是互不相干的单个个体的集合，而是一个由互相联系的个体所构成的一个有机整体；由于团体成员对共同目标的追求和对团体内一定价值规范的认同和遵守，使得团体内具有个体所没有的动力特征及团体凝聚力；团体凝聚力的形成，有助于团体成员安全感的满足及对团体的认同感和归属感的产生；在具有内聚力的团体中，团体个体成员将自己的动机和需要与团体目标紧密地连接在一起，自觉地为实现团体目标而努力工作，促使个体成员的思想、行为与其他团体成员趋于一致。可见，在一个具有内聚力的班集体中进行心理健康教育的效果要比单个教育学生的效果好。

### （四）心理健康教育课程教学的策略和方法设计依据

建构主义理论认为，知识建构过程要引导学生发现原有知识结构与新知识之间的不协调性，然后主动去改变它，学习的认知建构发生在具体的情境中，才能够使学生感受到知识的意义。该理论强调对情境的认知，以创设情境引起学生的认知不平衡，在活动中体验认知冲突，进而在原有认知结构的基础上重新构建，达到其最近发展区。因此，创设情境既是心理健康教育课程重要的教学策略，也是提高学生认知的重要途径和方法。同时，建构主义理论中支架式教学、抛锚式教学、随机性教学等教学方法的提出，又为心理健康教育课程的教学提供了丰富多彩的方法的选择。社会学习理论则认为，人的行为是其动机、本能、特质等内在因素与环境相互作用形成的，人的大部分社会行为是通过观察他人、模仿他人而学会的，观察他人的行为结构对其自身行为会起到替代强化作用,同时个人对自己的认识会起到自我强化作用。社会学习理论为心理健康教育课程教学采用的角色扮演、"空椅子"技术以及一些行为训练等心理健康教育的方法提供了直接的理论支持。

综上所述,心理学和教育学的理论从整体上奠定了学校心理健康教育课程的理论基础,为其教学设计的整体框架提供了理论支持和可操作的策略与方法。

## 二、心理健康教育课程的设计原则

要达成目标,良好的心理健康教育课程设计需要遵循以下原则:

### (一)课程设计以心理学理论为基础

心理健康教育是一项科学性、实践性很强的教育工作,应遵循一些基本原则,其中首要的原则是要根据学生心理发展特点和身心发展的规律,有针对性地实施教育。也就是说,心理健康教育必须有理论依据。同样,心理健康教育课程的设计必须以严谨的心理学理论为指导,以促进成长为目标。心理学理论应体现在心理健康教育课程的各个环节。主题的确定、团体组成的技术、单元的设计、实施的程序、活动形式的选择、互动分享的策略,都是经过深思熟虑并由特定的理论指导的。那些能够对心理健康教育课程产生影响的心理学理论来源甚广:在班级辅导中,为促进心灵互动、诱发成长,心理咨询和辅导的基本理论,如人本主义的心理咨询技术、心理动力学的观点及 TA(Transactional Analysis)沟通分析等都是支撑课程的基础;在主题选择及单元设计上,则要依据发展心理学的理论及教育心理学的理论来确定;针对特定的辅导领域,则要以特定的辅导理论为基础。

### (二)主题的适宜性

主题适宜对于心理健康教育课程的成功至关重要。主题不能脱离实际,高高在上,不能太抽象化,一定要贴近学生,与学生息息相关。学生的心理发展有其自身的规律和特点,他们在每一阶段都有所要面临的主要问题。小学阶段是人格塑造、学习习惯的养成、勤奋感的获得以及基本人际关系的培养的关键阶段。而到了中学，学生开始出现人际交往困惑、青春期困惑、情感困惑、家庭冲突、职业抱负等问题。因此，作为心理健康教育课的教师，在选材时必须考虑到学生所处的年龄阶段的人格发展状况以及可能会出现的问题，有针对性地引导学生，充分发挥他们的潜能、塑造健全人格。另外，在选取主题时还要结合本学校和本班级学生的实际情况，合理地充实一些贴近学生实际的教学内容，密切联系学生的生活，目的是要切实处理学生现实生活中面临的困惑和冲突，让学生更好地适应。

### （三）主题的连续性

针对某一个特定领域的辅导，均由一个综合性的主题和一系列的单元主题构成，系列主题之间衔接性强，相互促进。每一个小的单元主题需要在一次心理健康教育课程中完成。单元主题与综合性主题可以是总分的关系，也可以是其中的一个环节，但单元主题要更加明确具体。例如，对于考试的心理健康教育辅导，其系列单元主题可以设计如下：（1）战胜复习逃避；（2）做一个勤快的复习者；（3）大目标与小目标；（4）你所害怕的事情正是你的潜能所在；（5）考前看不进去书怎么办；（6）拥抱紧张情绪；（7）学会放松——系统脱敏训练；（8）考试遇到难题如何应对；（9）如何防止考场上的粗心大意；（10）如何排除考场上的干扰；（11）如何克服考前失眠。

### （四）内容的科学性

由于心理健康教育课程在形式和内容上比较自由，这与传统课程相比有很大的差异，但必须遵循科学原则，要"言之有理"。心理健康教育课程的实施流程包括创设情境、心灵外化、情感体验、交流分享、重新调整、行为实践、泛化延伸。而在交流分享和重新调整的环节往往格外需要把握内容的科学性。学生的交流分享得出的很多观点、思路和建议并非完全正确，对于一些"大是大非"的问题，心理教师更应该及时介入，加以纠正。所谓的"价值中立"倾向也是有一定限度的。学生之间的个体差异甚大，而且不同年龄段之间的差异也很大，这就可能导致一些看似正确的法则对于某些人或者某个年龄层次的群体不一定适用。心理教师在获取信息时，一定要仔细考证，同时要通过合理的渠道获取资料，以保证内容观点的准确性，对于一些模棱两可的知识点，尽量不要引入课程教学中，或者至少是批判地接受。

### （五）内容的精练性和理解性

作为一门课程，高中心理健康教育课一般只有短暂的 45 分钟时间，而需要完成一个单元主题的辅导，就要求教师把握主题的核心要素，切忌重复啰嗦，灌输知识。心理健康教育课程的重点在于体验，所以评价此课程的重要标准不是"知多少"，而是"懂多少"。例如，在"心理银行"的课程中，增加"心理银行"储蓄的方法极多，而在一次课中，教师只需提取几种重要的方法加以演练。心理健康教育课的理解性是要保证知识的浅入深出，符合学生的理解和接受能力，尤其是不能过多地引用心理学的专业术语，应该采用较为通俗的形象化的语言来描述。当然，也并非完全排斥专业术语，有时合适的专业术语的使用能起到更好的效果，前提是必须建立在学生充分理解的基础之上。同样以"心理银行"为例，为了促进学生对人际关系中互惠互利的理解，课程的题目就是"我的心理银行"，"心理银行"的存款即自己在他人心中的价值地位，可以通过利他行为而增值，通过损人自私行为而消费，课程的目的是要让学生了解"心理银行"，并学会增加"储蓄"。

### （六）互动活动与主题的切合性

互动活动虽然在心理健康教育课程中举足轻重，但其本质上是要通过互动使心灵外化，以更好地进行交流分享，获取体验，并得到升华。有些教师为了增强心理健康教育课程的趣味性，为活跃气氛而进行了很多活动及游戏，但这些活动或游戏针对性并不强，甚至活动与所教主题毫无关联。结果是为了活动而活动，不能烘托主题，娱乐性超越了价值性，学生收获少。所以，如何选择与主题很好吻合的互动活动、如何开展互动、互动的时间如何控制都是值得思考的。

### （七）知识的系统性

心理健康教育课没有统一规范的教材，实际上也很难有，因为很多情况下融入了校本文化的因素，往往还要考虑到学生当时所处的环境和发生的事件。心理教师对课程内容的设计有很大的自主性。作为教师,选材时必须十分注重知识的科学性、连贯性以及系统性。另外,心理健康教育不是某一分支学科理论的具体应用,而是对许多学科的综合运用,包括教育心理学、发展心理学、临床心理学、社会心理学、咨询心理学等,只有将心理健康教育课程的知识体系系统化,才能更好地服务于高中生的心理健康教育。

总之,尽管一堂心理健康教育课程并没有严格的实施操作流程,但以上原则在心理健康教育课程的设计与实施上是非常重要的。

## 三、心理健康教育课程设计的步骤

从整体上来说,学校心理健康教育课程的教学设计应该按照学生的年龄特征、心理特征及当前遇到的主要焦点问题,将课程的总目标分解为不同的目标层次。同时,应结合学生学习、生活实际,从学习、生活、适应社会等方面着眼,设计不同的主题;按照主题的内容,将其分为多个相关或同类的单元,而每一个单元又都要落实到每一堂课的教学上,课堂教学即是心理健康教育课程教学的最小单位。因而,学校心理健康教育课程教学设计就应按照以下环节进行:

### (一)按照学生的实际需要确定课程目标

教学目标的确定是课程教学设计的首要环节。确定心理健康教育课程的目标,就是确立心理健康教育课程的出发点和所欲达成的最后结果,只有心理健康教育课程的目标是科学、合理的,才能正确指导课程内容、教学方法、教学手段等的选择与运用,课程的实际效果才能得到保证。

心理健康教育课程的教学目标可以分成课程总目标、主题或单元课程目标、课堂教学目标三个层次。课程总目标是对课程教学的目的和期望,主题或单元课程目标是某一主题或某一单元的教学目的。根据心理健康教育的特点,可以在课程教学中根据教学内容的需要,把课程分为不同的主题,主题由多个教学单元组成,每一主题或单元都有其相应的教学目标,每一堂课教学又有相对独立的目标,共同构成课程总目标。需要指出的是,虽然从理论上把心理健康教育课程目标分为三个层次,但在实际执行中,三个层次的目标相互联系,互为作用,共同构成学校心理健康教育课程的目标体系。

学校心理健康教育课程以发展性目标为主,以防治性目标为辅,因而课程以提供科学、有效、实用的心理学技术与方法,提高学生的自制力,促进学生的心理成长与潜能开发,增进学生的社会适应能力,健全学生人格,从而在整体上提高学生的心理素质并维护学生的心理健康为目标。当然,由于不同年龄学生心理发展需求不同,各个阶段心理健康教育课程的目标也不同。

### (二)根据课程目标确定活动的主题

明确各个阶段课程的目标后,就应根据这些目标,选择相应的课程内容。课程内容是课程目标的载体,是课程目标的具体化,学校心理健康教育课程的教学目标必须通过课程内容来体现。由于心理健康教育课程教学通常都是以活动课的形式开展,课程内容就常常包含在一个个的活动主题中。值得注意的是,对于学校心理健康教育课程某一方面的内容设计成一个活动主题即可,而有的内容包含的东西较多,较为复杂,就可以设计成一个大的活动主题,在此基础上再把这一大的活动主题分解为不同的单元,每一单元又有自己的主题和目标。

### (三)根据主题活动需要选择适宜的教学形式和方法

实现课程目标有许多方式,教无定法,教学应根据活动主题的需要和实际条件选择适宜的方式。有时,一个活动主题中可能采用多种形式和方法,要注意不要只是为了活动而活动,只追求表面的热闹,而应考虑活动之间的层次递进性;不论哪种形式的活动,都要服从活动的主题,配合主题的需要来安排。如有的课程教学活动性很强,学生游戏做得兴高采烈,结果游戏的时间拖得过长,课堂讨论的时间被挤占了;或者在课堂讨论时学生还沉浸在做游戏的兴奋中,迟迟难以投入较为理性的后期讨论中,不利于课程活动主题的深化,也难以真正实现心理健康教育课程的目标。

## （四）选择、利用相应的教学资源

在心理健康教育课程的教学中，为了营造良好的心理氛围，给学生提供更为生动、直观的情境，应有效选择和利用各种教学资源。如通过 CAI 课件将录像资料剪接，自制录像和配乐幻灯等多种媒体编排组合运用，实现语言媒体、文字媒体、现代媒体的最佳组合。例如，用大量录像、图片资料显示事实以延伸学生的视觉，提供更多感性材料创设情景，突出重点，把感性的知识提升为理性的认识；自制卡通画有利于激发学习兴趣，活泼、简洁、清晰地配合心理健康有关知识的讲解；自制采访录像，提供熟悉的人物和情境，延伸学生的视听觉空间，因为熟悉的人的事迹更能打动学生；对电脑幻灯片进行配乐，将文字媒体、画面媒体和背景音乐结合在一起，调动学生多个感官参与活动，烘托气氛，将课程推向高潮；等等。通过教学媒体的运用，可以有效地展示教学材料，使学生更为了解和掌握教学材料中蕴含的意义，同时极大地激发学生的学习兴趣，有利于学生主体性作用的发挥。

除了选择和利用现代化的教学媒体外，在课程教学中，可能涉及的心理教育原理很多。此外，学生的案例资料也很多，在教学设计中，应列出某些具体的资料作为参考，并注意运用这些相关的资料，以利于教学的顺利实施。并且，由于心理健康教育课程的活动空间可突破教室、校园等的限制，延伸到校外的自然环境、家庭、社会以及网络中，因此还要根据实际情况选择恰当的场所和做好必要的联系与沟通工作以有效利用这些教学资源。

## （五）把握课堂教学活动的具体步骤及要求

在以班级授课制为主要教学组织形式的今天，一般心理健康教育课程是以课堂教学为单位来组织教学的，其组织程序可分为三个阶段：准备阶段、实施阶段和结束阶段，其具体步骤为：

### 1. 准备活动

在活动开展前必须做好准备工作，以利于活动的顺利进行。具体包括调查了解学生的心理状况以达到教学的有的放矢；做好主持人的挑选与培训工作；编好心理剧脚本，做好角色分配与排练工作；准备好心理游戏等所需道具；准备好讨论的主题或辩论的辩题；布置好心理健康教育课的场所等。准备阶段在课程的组织中是一个不可缺失的重要步骤,在教学设计中应详细列出要做的准备工作,以利于课程的组织实施。

2.活动实施

第一,活动起始阶段。这一阶段又称暖身阶段。主要是创设一种团体活动的良好氛围,增进学生间的了解,激发学生参与活动的兴趣和探究的愿望。教师在进行这一阶段的教学设计时,应具体说明采用哪种方式进行。课前的暖身活动有多种形式,如身体放松运动、拍掌活动(即学生随口令由慢渐快地拍掌)、礼节操(即让学生面对面,微笑注视对方,点头问好,握手问候和拥抱拍肩)等,其目的都在于使学生减少紧张焦虑,进入放松的情绪状态。

第二,教学活动实施阶段。这一阶段是心理健康教育活动的核心,直接关系到教学活动的成败。教师应先通过多种形式的活动(心理测量、案例呈现、小品表演、情景剧等)帮助学生认识自我心理发展水平、心理发展现状,认识某种心理品质的重要性,找出差距,从而产生缺失感或共同感,由此自然引入活动的主题,并在此基础上发现问题。接下来,教师可以实施一系列与某种策略有关的活动(角色扮演、小组讨论等),引导学生在参与活动的过程中感受、体验并掌握解决问题的策略,这是心理健康教育是否有效的关键,也是教学中学生是否能真正将心理健康教育的知识内化为自身心理品质的关键。

3.活动结束

某种心理调控策略和方法能否有效而快速地内化为一种心理品质,还应该重视学习过程中的反思总结与体验,所以活动结束阶段,教师应留有充足的时间让学生自由畅谈活动的感受,通过经验分享使学生将他人的体验与自我体验加以整合,提升认识的高度,深化教育的效果。此外,要将策略真正转化为行动,还需要课后的行为实践及在实践中不断地反馈和调整,例如,布置适当的心理作业可以鼓励学生拓展在课堂上学到的成果。因此,这一阶段一般以回顾展望、祝福道别、唱歌、布置心理作业等方式进行,不仅可以使学生对活动留下深刻印象,而且能激发学生参加下一次活动的兴趣,实现对课程教学成果的巩固与拓展。总之,心理健康教育课程的教学一般应遵循个体心理发展—自我认识—动情晓理—策略导行—反思内化—形成品质的规律,按照引入主题—发现问题—解决问题—反思体验的程序进行操作。

# 第三节 心理健康教育课程目标设计

## 一、心理健康教育课程目标构成

目标是对心理健康教育活动的预期效果,是集体活动的导向。明确心理健康教育课程教学的目标是课程教学设计的核心。目标的制定不仅影响活动内容的选择与设计,而且影响活动的实施及效果的评估。心理健康教育课程的教学不同于一般学科的教学,课程的目标不是单纯掌握心理学知识,而是针对学生实际,通过具体事例,使学生懂得认识自我、发展自我的道理,培养自信、自省、自我认识、自我调节的能力,实现优化心理品质的目的。课堂上应当发挥学生的自主性,让学生充分参与,通过情景体验、讨论分析、谈话沟通、行为训练、心理陈述等方式,使不良情绪得到控制,不良心理得到矫正。

心理健康教育课是以班级活动为主要形式,面对全体学生的教学活动,它的总体目标是以全体学生为对象,根据学生心理发展的规律和个性心理特点,有目的、有计划、有步骤地全面提高学生的心理品质,激发潜能,健全人格,增强承受挫折和适应环境的能力,使学生能全面地认识自己,客观地认识他人,能够充分地发挥自我的潜力,会学习、会做人、会生存、会创造的个体。心理健康教育课程的总体目标又可以分为三个层次:

(一)预防性目标

预防学生成长过程中可能存在的心理问题或者纠正一般偏差行为,心理健康教育可以使学生对自己的心理健康水平进行自我评估,并有自我保健的意识和心理调适的能力,这是心理健康教育的短期目标。

## （二）适应性目标

培养学生具有正确的自我意识，对学习、人际关系和社会环境做出适当的反应，并在此基础上，培养他们独立自主的能力，建立正确的人生观和积极健康的生活方式，这是心理健康教育的中期目标。

## （三）发展性目标

使学生的能力得到充分、自由的发挥，以积极、健康的心态对待学习、工作和生活，达到自我完善、自我实现的最佳境界，这是心理健康教育的最终目的。从心理健康教育课堂教学的主要矛盾来看，它不是解决学生知与不知、会与不会的问题，不是让学生"知道"什么是心理健康，而是要实际地影响他们的心理健康，这个目标的达成必须依赖于学生积极主动地参与。

# 二、心理健康教育课程目标设计要求

课程目标的确立是课程设计的首要环节。只有心理健康教育课程的目标是科学的、合理的，才能正确指导课程内容、教学方法、教学手段等的选择与运用，课程的实际效果才能得到保证，课程才具有其存在的价值。正因为如此，课程目标的确立也是心理健康教育课程设计的核心问题。心理健康教育课程目标必须是学生能够理解和接受的，必须是具体的、可评估的。

## （一）课程目标要明确

明确的课程目标具有导向和调控作用。要实现目标的明确性，必须做到以下几点：第一，对课程目标的描述要明确，不能含糊，不能引起歧义。第二，课程的一般目标与课程单元目标以及课时目标分开。单元目标与课时目标是一般目标的细化分解，课时目标包含在单元目标之内，单元目标包含在一般目标之内。因此，制定单元目标和课时目标时要具体。

## （二）课程目标要系统

布鲁姆的课程目标分类系统值得我们借鉴。教育是改变人们行为规范的一种历程，而这种行为的变革可以进行层次性划分，层次是积累性的，人学习的行为过程总是由易到难，由简单到复杂，一步一步地前进。目标分层有助于学生学习的循序渐进，保证学习的效果。从横向看，不同学生达到的目标在层次上也存在个体差异。人生来具备多种智力潜能，每个人的智力优势和整合方式各有不同，不同智能的组合表现出的差异性导致了人在兴趣志向上的差异，因此在学习行为过程中也表现出不同层次性。要根据受教育者的不同学段，制定出不同层次的课程目标，如小学阶段、初中阶段、高中阶段的心理健康教育课程目标应具有层次性，每一阶段的不同学年、每一学年的不同单元也应具有层次性，各个层次的课程目标从易到难、从简到繁，形成纵向层次结构；同时还需注意要将一般目标和具体目标衔接好。

## （三）课程目标要有操作性

心理健康教育课程直接把情感、意志、个性等当作教学目标，关注的焦点不在于认识目标的达成，而在于将观念的东西转化为学生实际可行的、可训练的行为。因此，抽象的心理学概念、原理应当具体化为各种行为表现及特征，变成可观察的、可以通过一定测验和方法来评估的，并且可以通过一定的教育手段和措施来加以训练和改造的行为目标，这样心理健康教育课程才不会流于形式。

## （四）课程目标要有发展性

心理健康教育课程的总目标与国家的教育目的是一致的，即让受教育者全面发展。而总目标要通过一系列具体目标，经历一个从简单到复杂、从低级到高级、从不自觉到自觉的发展过程来实现。课程目标要随着学生的心理发展而不断更新和提高，从小学阶段到初中阶段，再到高中阶段，后一阶段的目标应在前一阶段基础上有所发展，水平从低到高有所变化。因此，必须根据不同年龄阶段学生心理发展的特点及规律，制定各年级的具体目标，只有这样才可以循序渐进地促进学生心理的健康发展。

## 第四节　心理健康教育课程内容设计

### 一、心理健康教育课程内容的结构要素

学校心理健康教育课程教学内容的结构，主要包括五个基本要素，即认知经验要素、意志品质要素、情感经验要素、社会经验要素和生活经验要素：

（一）认知经验要素

学校心理健康教育课程要把认知经验要素摆到突出位置。在教育活动中让学生学会正确地认知，懂得哪些是非理性的认知，主动寻求老师或同伴的疏导，建立合理的、健康的认知。这是一个健康人最基本的条件，也是使人得到发展的最基本的条件。

（二）意志品质要素

意志品质要素是人的精神力量的标志，是人取得成功的动力维持系统。学生所有的学习生活都可以有目的地进行意志品质的训练。学校心理健康教育课程要结合学生日常的生活，以及各种随机发生的问题，把它们作为课程训练的内容，从而达到训练意志品质的目的。

（三）情感经验要素

这是衡量人的心理健康的重要指标。一个正常的人不仅有积极、健康的情绪，而且能自觉地调节自己的情绪，使之及时恢复正常。心理健康教育课程旨在通过各种活动和情景，让学生体验各种情绪反应，学会调节和合理宣泄不良情绪，建设起追求美好、追求真理的情感动力。

### （四）社会经验要素

教育就是要把学生培养成为社会的人。学校心理健康教育课程必须组织学生参与社会活动，在了解社会、适应社会、服务社会中懂得热爱工作、热爱生活、热爱生命，勇于克服困难，善于与人合作，在社会活动中培养学生独立处理问题和解决问题的能力。

### （五）生活经验要素

这是现代人需要具备的要素。学校心理健康教育课程要组织各种活动让学生体验生活，学会过正常、愉快的生活，学会健康的休闲生活，学会正常的消费，懂得幸福生活的不易，懂得珍惜生活。

## 二、心理健康教育课程的主要内容

心理健康教育课程的教学目标必须通过课程内容来体现，课程内容是课程目标的载体。因此，正确选择课程内容是十分重要的。依据青少年身心发展的规律，心理健康教育的基本内容应抓住青少年身心发展的主要矛盾，解决主要问题。主要有以下几方面：

### （一）个性心理教育

主要让学生了解一些基本的个性心理卫生常识，使学生认识不良个性的成因及危害。通过富于情趣的活动，帮助学生形成对自我形象、内在气质、性格、能力的正确认识，培养良好的需要和动机，激发积极而广泛的爱好和兴趣，树立起崇高的信念和理想，最终养成正确的自我意识和优良的个性品质。

### （二）社会适应心理教育

通过一定的活动使学生在亲身的体验过程中学会正确认识和了解社会，根据社会的要求来把握交往的技巧，克服孤僻、自卑、羞怯等社交障碍；学会合作、合群、礼貌、大方，达到正确认识、评价和表现自己的目的；懂得如何尊重和善待他人，培养必备的良好个性素质。

### （三）性心理教育

向学生说明青春期身心变化的基本情况，懂得怎样选择和异性交往的恰当方式，克服和异性交往带来的种种烦恼，顺利度过"心理断乳"期。

### （四）情感意志品质的教育

使学生体会积极性情感与消极性情感的差别，学会通过自我调节和合理安排闲暇来使学习和生活更加有效和轻松愉快；使学生明确自觉性、果断性、自制性和坚持性等优良意志品质在成就事业上的重大意义，学会正确处理学习和生活过程中的理智与冲动、顺利与挫折、纪律与自由、自律与他律等方面的矛盾问题，提高心理承受能力。

### （五）学习心理教育

学习心理教育就是使学生在激发学习动机和兴趣、形成适合自己的行之有效的学习方法和排除焦虑、厌学、自卑、注意力不集中等障碍的过程中，认识和了解学习的基本心理过程，学会培养自己的观察力、注意力和记忆力的方式等，懂得运用识记和遗忘规律来指导自身的学习活动，达到更多、更快、更好地吸收和掌握科学文化知识，不断提高文化素质的目的。一句话，学习心理教育就是用心理方面的技能技巧来促使学生从"学会"过渡到"会学"。

### （六）品德心理教育

品德心理教育就是使学生从小形成宽容、大度、正直、无私、博爱等高尚的精神境界。而这些境界又都是与日常的行为规范教育、法制教育等分不开的，所以教育者的任务就在于根据品德心理的形成规律引导学生树立正确的人生观和自信心，从小确立一个正确而坚定的精神支柱，作为前进的动力，成为品德高尚的人。

## 三、心理健康教育课程内容的组织方式

借鉴一般课程内容的编排组织,心理健康教育课程的组织主要有如下方式。

### (一)逻辑式组织

由于学生的心理发展是一个由简单到复杂、由具体到抽象、由低级到高级、由他律到自律的自组织过程,既有连续性,又有阶段性,因此教学内容的组织应适应这一规律,结合学科知识的内在逻辑,由易到难、由浅入深,有条不紊、纲目井然。宜采用螺旋式上升的形式来组织心理健康教育的内容。由于不同年龄段、不同年级学生的心理发展水平不同,因此教学内容的难易度和侧重点也应有所区别。

### (二)心理式组织

心理式组织是以学生在学习、生活、成长过程中所产生的心理现象来组织教学内容,也就是按学生心理发展的各个类别顺序来组织。这种组织方式是以学生为本位,注重学生的兴趣与需求。主要包括如下心理顺序:

(1)"认识顺序":了解自我、认识自我、悦纳自我、欣赏自我、完善自我、实现自我;认识家庭、认识环境、认识学校、认识班级、认识社会、认识国家、认识世界。

(2)"学习能力顺序":智力(注意力、观察力、记忆力、想象力、思维力);非智力(动机、兴趣、情绪情感、意志、性格)。

(3)"人际交往顺序":礼貌、交友、合群、乐群、友情。

(4)"情绪情感顺序":体验、感受、意识、反应、调节、控制。

(5)"社会适应顺序":在参与社会活动中接受自己,减少对父母和长辈的依赖,养成独立处理问题的自主自信能力,分析自我选择职业,培养有社会责任感的言行,建立科学的世界观、人生观和价值观。

一般来说,心理健康教育课程的教学内容应采取折中式组织,也就是调和上述两种组织方式,选取它们的优点。当然,这两种组织方式在教学内容中所占的比例

不是机械的、固定的,应根据不同年级的学生各有所侧重。

## 第五节  心理健康教育课程活动设计

### 一、心理健康教育课程活动设计概述

心理健康教育课程活动作为心理健康教育课程体系中的核心部分,它是指教师根据学生身心发展的规律及其特点,运用心理学、教育学的有关原理,有目的、有计划、有组织地通过以学生为主体的活动项目和活动方式,旨在提高学生心理素质、增进心理健康、开发心理潜能的一种课程形式。它具有活动性、主体性、互动性、体验性和感悟性等性质。

活动课程是开展学校心理教育的主渠道,在活动课程中融合心理教育思想,从心理教育的视角来审视,这一课程可称之为活动性心理教育课程,它对学生心理潜能的挖掘、心理机能的提升具有重要的教育价值。在活动性心理教育课程中,通过情境、互动、自主、体验、践履等促进学生的心理成长和人格完善。活动形态的课程因其具有开放性、体验性和以生为本等特点,比较符合青少年的心理发展特点,是学校心理健康教育的有效途径。不过值得指出的是,心理健康教育活动课程有别于一般的学科课程,也有别于美国教育家杜威提出的活动课程。它不以知识和教师为中心,也不强调知识的内在逻辑与系统性,而是以学生的心理发展特点为立足点,以学生的心理需要为基础,关注学生当前的心理状态,以培养学生健康心理为主线而设计和组织实施的。整个活动过程以学生为主体,通过多种形式的活动,诸如情景体验、角色扮演、讨论分析、谈话沟通、行为训练等,促进班级成员的互动合作。通过优化学生的活动过程,达到提高学生心理品质和心理能力的目的。

### （一）心理健康教育课程活动设计的原则

心理健康教育课程活动应根据青少年身心发展的规律和年龄特征，以提高学生的心理素质为基点，以趣味性、活动性为基本特色，将心理健康教育的意义蕴涵其中，使学生通过游戏和其他有趣味的训练逐步领悟到心理健康教育的重要性及掌握自我心理保健的途径和方法。在实施过程中应遵循以下几个原则：

1. 发展性原则

维果茨基（Vygotsky）提出，教学任务的要求只有落在"最近发展区"内，才能有效地推动人的发展。心理健康教育活动课程必须以发展的眼光看待学生，不应满足学生现有的心理发展水平，要尽可能地为学生创设新的最近发展区，鼓励学生在活动课程中发挥自己的主观能动性，使心理发展更上一层楼。

2. 主体性原则

心理健康教育活动课程的活动目标的确立、设计及实施中均可由学生参与，教师只有把学生摆在活动的主体地位，学生在活动中才能积极主动，充分发挥他们的创造性、积极性和主动性，让他们充分体验自己做主的感觉，促进其心智和情感的发展。

3. 全体性原则

心理健康教育活动课程是为全体学生服务的，旨在提高全体学生的心理素质和机能。因此，在活动课程中，应着眼于全体学生；但同时，也应处理好个别学生问题，对其给予及时、具体、不露痕迹的帮助。

4. 层次性原则

辅导教师往往根据学生的心理发展状况和辅导主题特点，在一节心理活动课中设计一个总的辅导目标，总目标又分多个层次的心理辅导目标。然而，这些分层目标需要具有一定的循序渐进性，即下一目标是以上一目标的达成为前提，通过分层目标的逐步推进，最终实现和达成总目标。基于符合层次性原则的辅导目标，辅导过程的设计也将凸显连贯性和层次性。

5. 活动性原则

心理健康教育活动课程重在学生活动的过程及过程体验，把握、优化好活动过程是活动课成败的关键和学生的心理品质优化的关键。心理活动课程不同于纯知识传授课型，其是将知识融于活动中体现的，更适于学生特点和教育训练内容及目标的实现。

6.可操作性原则

可操作性是指心理活动课的辅导目标内容是具体的、明确的、可评估的，而非抽象的或笼统的。换句话说，经过心理活动课后，学生的心理或行为变化是非常明确的，是可以用客观的指标观测的。正如"跳起来，够得着"，够到哪里才算够得着，目标的达成显得非常具体清楚，且具有明确的评价标准。

7.情感性原则

情感性原则是心理健康教育活动课程实施的核心原则。在活动课程中要避免概念化，要以学生情感的发展为核心，关注学生的情感体验，注重情感的共鸣，以及同感技术的运用。

8.体验性原则

心理健康教育活动课程不同于体育课和游戏活动，因为它强调学生在活动过程中的自身体验和感悟，而不是一种娱乐活动。体验和感悟是个体心态发生变化的重要环节，也是活动课程实现其价值的重要途径。

9.相容性原则

心理健康教育活动课程的成功在于彼此信任、尊重和坦诚相待，只有师生之间建立起真正的信任，才能促使教师真正了解学生的需求；只有互相尊重，才能彼此接纳；只有坦诚相待，才能触动深层情感体验。

10.开放性原则

开放性原则是由学生心理发展特点决定的。学生的心理发展具有开放性，教材在活动中只起引子或例子的作用。要让学生由此及彼地发散开去，在一个主旨目标下，附带着其他目标：重悟性的启迪、思维方法的引导和情感的健康导向。活动问题的答案不唯一，也是开放性原则的体现。整体活动设计在结构上不应拘泥于线性结构，而应体现色块结构的特点，产生交融弥散的美感。

## （二）心理健康教育课程活动设计的步骤

### 1.了解学生的需要

心理健康教育课程以直接满足学生维护和发展自身的心理健康的需要、促进学生心理健康发展为目的。因此，为了使心理健康教育课程具有实效性，必须对学生的实际心理需要进行充分的了解，做到心中有数，有的放矢。

学生心理健康发展的需要包括两个层次：一是一般性需要，指在某一年龄阶段的所有学生普遍存在的心理和行为发展上的需要。教师可以通过研究发展心理学的有关资料分析确定，也可以找一些现成的针对一般性需要的课程设计作为参考。二是特殊性需要，指本校、本班学生或某些特殊学生群体，由于处在特殊环境中或遇到特殊事件的冲击或压力而产生的解除困境、度过危机的需要。教师可以进行实地调查、收集有关信息，调查对象可以包括学生、家长及教师和有关的社会机构，调查方法可以是谈话法、问卷法、座谈会等。

### 2.确定单元主题

在了解学生需要的基础上，教师就要进行科学的选题。选题应因人、因事、因地、因时制宜。例如，某中学教师通过调查发现，本校高二男学生在校外聚集抽烟的现象比较普遍，进一步又了解到许多学生与同伴在一起吸烟的主要原因是经不住其中少数同学的劝说（不好意思对朋友说"不"），就可以考虑开设主题为"学会说'不'""真正的朋友""吸烟害处大"等心理教育课程。

### 3.确定单元目标

单元目标是指某一具体单元的活动主题所要达到的目标。在确定单元目标时，应注意：教学目标陈述的应是学生的学习结果，而不应该陈述教师做什么。教学目标的陈述应力求明确、具体，可以观察和测量，尽量避免使用含糊和不切实际的语言陈述目标；教学目标的陈述应全面，包括认知、技能、情感、态度等方面。

### 4.确定单元课时

因为单元有大、小之分，所以一个单元主题所需课时是不等的。大单元一般指主题系列单元，由多个同类或相关的主题组成。例如，在《学会交往》系列主题单元设计中，可以包括以下小主题：学会打招呼、学会微笑、学会称赞、学会拒绝、学会竞争、学会合作、学会宽容、学会助人等。大单元的课时一般需要8~16课时，小单元就是针对某一特定的心理品质所确定的一个独立的主题,例如,"了解你的气质""如何与陌生人交往""和时间比赛"等。这样的小单元以 1~3 课时为宜。

5. 确定教学方法

心理健康教育课程与其他课程一样有着共同的教学方法,如讲授法、谈话法、讨论法、演示法、实验法、参观法等。但心理健康教育课程又有别于其他学科课程,它重在活动,重在学生参与,通过师生共同活动,达到优化学生心理素质的目的。这就决定了心理健康教育课程有一些特殊的方法,如角色扮演法、心理测量法、学生自陈法、联想活动法、游戏法、辩论法、专题讨论法等。教师在确定教学方法时,要综合考虑单元目标、单元主题、课程内容、学生的身心状况、学校和班级的条件以及时间、地点等多种因素,灵活运用多种教学方法,使其互相配合、协调一致,共同发挥作用。

6. 做好课前准备

课前准备主要是确定活动形式和准备好活动所需的用品和资料。活动形式的选取一定要与学生的年龄和活动的主题相匹配,教学地点也不能仅限于教室之中。对于教学所需的电教设备和影视、录音材料、教学游戏所需的玩具、角色扮演所需的道具、各种印刷品、身体活动用品等,均应在课前做好准备。

7. 拟定活动程序

拟定活动程序是单元设计的主要部分,它规定了教学活动过程的具体步骤和实施程序。从活动开始到活动结束的每一个步骤都应有周密的说明和细致的安排。在拟定活动程序时,要符合学生的认识规律,由近到远、由浅入深、由表及里、由感性到理性,要符合活动的逻辑规律,即环环相扣、丝丝相连、循序渐进,做到既完整又系统。

8. 撰写活动方案(教案)

活动方案是在上述单元设计的基础上,用书面形式记录下来的具体方案,是对单元设计的提炼和升华,它通常以一个课时为单位编写。有了教案,教师就可以有目的、有计划、有步骤地在规定课时内有条不紊地组织教学活动,它是保证课堂教学效果的前提。心理健康教育课程的活动方案一般包括以下内容:主题(一般用一句话概括)、教学目标(包括分目标)、教学时间、教学方法、教学准备、教学过程（实施程序）等。

## 二、心理健康教育课程活动形式设计

### （一）角色扮演法

#### 1. 角色扮演法概述

角色扮演是以莫雷诺（Moreno）为代表的心理剧论者和群体动力学论者发展而来的。莫雷诺认为，人是具有创造性和自主性的，如果允许个体自发地选择扮演各种角色，不仅能表现创造性自我，还会因为心灵的开放而发展积极的情感，改善人际关系，学会解决问题的技巧。我国学者章志光也指出，角色扮演技术就是让受影响者在一种特定的或创设的情境中扮演某一角色，使其认清角色的理想模型，了解社会对角色的期望和自己应尽的角色义务，从而有助于他们去控制或改变自己的态度与行为，以达到改善人际关系和提高工作或学习效率的目的。角色扮演可以让学生真切地感受到相应角色的种种心理和行为状态，是心理健康教育课常用的教学方法，它可以激发学生参与的兴趣和热情，具有较好的示范感染效果。

#### 2. 常用角色扮演技术

（1）哑剧表演

辅导者创设一个主题或情景，要求学生不用言语而用表情和动作表现出来。例如，让学生表演与异性初次见面的情景，表演赞美他人的情景等。这种表演能帮助学生体验非言语的心理状态和反应，促进学生非言语沟通能力的发展。

（2）空椅子表演

当学生诉说自己与别人的冲突时，辅导者让学生坐在一把椅子上，而另外一把空椅子，则假设坐着那位与他发生冲突的人，由该学生面对其诉说冲突内容。而后，辅导者指示他换到对方那把椅子上，扮演与他发生冲突的人，并回答他提出的问题。辅导者在关键时刻让学生交换位置，引导学生与假想对象进行对话，这样可以使学生详尽地理解他人的想法与情感。

(3) 角色互换

这种方法与前者类似,只是参与的人有两个或者更多。辅导者可以让学生扮演不同角色,而后进行角色换位,从而得到体验。

(4) 双重扮演

这种方法要求两个学生一起表演,一个是有问题的学生,一个是助理演员,有问题的学生表演什么,助理演员就重复他表演的内容。这样可以再现情景,使有问题的学生更加清晰地认识自己。

(5) 改变自我

在角色扮演中,辅导者让学生扮演自己改变后的情况。例如,学生失恋后感到痛苦,辅导者让其扮演自己发生改变,重新振作,摆脱失恋的阴影的情形。

(6) 魔术商店

魔术商店是一种类似商店内买卖的方法,辅导者扮演店主,出售如理想、健康、幸福、财富等,由学生扮演买主,说出自己最需要的东西及原因,这样可以了解学生的需要,帮助学生树立正确的人生观和价值观。

(7) 情景剧或短剧

情景剧或短剧是角色扮演较常用的方法,就是教师事先准备好情景剧或短剧剧本,让学生进行表演活动,以增加心理辅导活动的气氛;或者让学生有共同探讨的话题和案例,增加学生的投入和参与程度,以达到班级心理辅导的目的与功能。

(8) 独白法

独白法指以独白的形式谈出自己此时此刻的内心的真实感受和想法。常常是让扮演者在情绪冲突强烈、各种体验纷繁复杂时,通过角色扮演,大声说出内心的体验,将表演者隐藏于内心的思想,借着独白的机会宣泄出来。

(9) 镜像法

镜像法指看别人演自己的方法。例如,爱说粗话、不讲礼貌、缺乏教养的 A 看到 B 表演自己的所作所为。通过看别人演自己,从而客观地了解自己生活中的言行,激发改变的主动性,促进不良行为的改变。

(10) 比较法

这种方法主要是将好的与不好的两种态度、方法或行为安排在一个活动单元里,让学生比较这两种方法的优缺点,以强化学生对好的态度、方法与行为的认知和体验。例如,通过两种不同的学习习惯的情景表演,让学生进行比较分析,再对照自己平时的学习习惯,进行认知、体验和反思。

(11)创意情景

在角色扮演中,很多时候教师只是给出一个或几个情景,需要学生创造性地自编、自导、自演情景剧,以充分反映学生的实际情况和创造能力,使学生更主动地参与到班级心理辅导活动中来,这样学生的体验与认知可能更深刻。如让学生自编、自导、自演情景剧,理解和创造性地运用心理防御机制来面对挫折,加深面对挫折的心理防御机制的认知和体验。

(12)戏剧表演

戏剧表演指教师借用一些比较常见或成熟的剧本,这些剧本带有比较多的表演色彩,学生通过进行戏剧表演的活动,从中体验角色的情感和内涵,达到宣泄情绪、成长心智的目的。如儿童剧《小熊请客》就是通过戏剧表演,让学生在表演中体会友谊和孤独情感,使学生在生活中乐于寻找朋友。

### 3.实施角色扮演的要素

实施角色扮演有五大要素:

(1)教师

教师是角色扮演的设计者和策划者,其任务是确定角色、设计小品或情景、鼓励学生主动地参与表演活动,使活动达到预期的效果。

(2)剧本

剧本主要来自两个方面:一方面是由教师预先设计或准备好的戏剧剧本、小品或情景,学生按照教师的设计进行表演;另一方面是由教师提示情景,学生自行设计动作、对话等表现方式。

(3)扮演者

由一个学生或几个学生或全班所有学生根据教师的启发和剧情的要求,自然地、主动地、创造性地去表现。

(4)观看表演的学生

他们虽然不直接参加表演,但也是角色扮演活动的参与者。需要体验扮演者的感受，自然地融入剧情中，与扮演者同喜同忧，起到支持、鼓励、烘托等作用；同时在参与的过程中，他们也在进行认知、思考和体验。

（5）舞台

舞台是角色扮演的场所。教师可以选择讲台或同学们围坐留出中心空地，这样容易吸引学生的注意力。对进行角色扮演的学生来说，如果自己是演员的意识得到加强，就可以增加对角色的认同和体验，表演的效果会更好。

**4. 实施角色扮演法的教学步骤**

角色扮演大致可分为三个阶段：

（1）准备阶段

准备阶段主要包括：选择扮演的主题，设计小品或情景剧本的内容；确定角色的扮演者，指导扮演者把自己的情感创造性地发挥出来，并将自己的体验注入于角色之中；指导学生观众观察扮演者的言语和行为，并体验其内在感受；分析角色的处理方式；布置扮演的舞台。

（2）扮演阶段

由学生实施角色扮演。教师在角色扮演进行过程中必须具有洞察力，因势利导，给予帮助和指导。为了使活动能达到预期目的，要注意调动参与者的自觉性和主动性，运用各种技术，使全体成员能投入角色扮演的活动中来。

（3）终结阶段

角色扮演结束后，教师会设计一些问题让扮演的学生和观看的学生一起讨论，并交流彼此的情感体验。通过讨论与交流，使学生能理清思路，找到问题的症结，达到角色扮演的目的。同时，教师还可以分析角色扮演的情况，让学生进行意见和感受的讨论与交流，或者在结束角色扮演时让学生按活动要求重演，强化行为的塑造，进一步达到角色扮演的目的与功能。

**5. 运用角色扮演技术的注意事项**

使用角色扮演技术，应当注意以下几点：

（1）要创设合适的问题情境，每次表演的时间不宜过长，通常 3~6 分钟就可以展开讨论。

（2）由于在第一次扮演活动中，常常会有困窘和尴尬情形发生，教师要积极营造一种轻松而安全的氛围，充分尊重与接纳，使学生真诚演绎，避免学生感受到压力与伤害。

（3）角色扮演由学生自愿参加，切不可强迫学生进行表演。

（4）角色扮演技术必须和其他的心理辅导技术结合进行，才能收到更好的教育效果。在实施心理辅导的过程中，孤立地应用角色扮演技术来进行心理教育是不多见的，它必须和其他的心理辅导技术结合起来，灵活地加以运用才能取得良好的效果。如果在进行某一方面的心理辅导时，只是单纯地应用角色扮演技术，学生可能只是感到这种形式的新颖和有趣，把心理辅导活动当作一场文艺汇报演出，从而削弱了角色扮演技术的心理辅导功能。

（5）运用角色扮演技术时必须考虑到可能出现的负面效应。例如，在对学生进行学习动机的激发时，有的教师运用角色扮演技术，让一个学生扮演不爱学习的人，而另一个学生扮演爱学习的人，对其进行劝导。一般而言，扮演不爱学习的学生不管是否真的对学习有兴趣，他都要在心理剧的演出中找到一些学习无用的理由，而这些理由的阐述对他关于学习的看法是有一定的强化作用的。因此，对扮演不爱学习的学生来说，这种演出有可能对其产生一定的副作用。换句话说，正是由于对学习无用的理由的不断强调，使他可能加强了学习无用的信念，背离了心理辅导的初衷，对此必须给予足够的重视。在进行角色扮演时，教师一定要注意使心理剧的正确劝导占上风，不能让反面的立论产生负面影响，这样才能把握教育的正确方向，使角色扮演技术收到良好的教育效果。

（6）并非所有的心理辅导活动都适合于角色扮演技术的应用。根据心理辅导的内容，角色扮演技术更适合于情绪情感、自我意识、人际交往等人格方面的心理辅导，而对生活休闲、职业选择等方面的心理辅导的作用有限。因为，角色扮演技术应用的重要特点在于能很好地使学生对他人、对自身的心理状态有更深刻的觉察、体验和比较，并在此基础上对自身、对周围的人和物能更好地理解，进而更好地调整自己的心态，创造性地适应周围的环境，而这也正是人格发展的目的所在。反观生活休闲、职业选择等心理辅导内容，更多的是从生活所需的知识而不是对生活的情感体验的角度来对学生进行心理辅导，所以应用角色扮演技术所收到的效果不一定理想。

### 6.角色扮演应用实例

某实验学校的心理辅导教师在一次学生人际关系的调查中发现，当前的中学生在与父母的交往中，常常对父母的要求很多，希望父母能理解自己，体谅自己；反之，他们对父母的辛苦却知之甚少，很少关心父母的喜怒哀乐，体谅到父母的苦心。针对这种情况，该辅导教师认为，应以此为契机，对学生进行如何与父母交往，如何理解、关心父母的教育。因此，辅导教师先将调查的结果向学生公布，并展开"为什么我们对父母的希望多，而关心少"的讨论，在此基础上，辅导教师主要采用了心理剧的形式，对学生进行了"理解父母、关心父母"为主题的心理教育活动。

首先，将班级成员分成几个小组，以"父母的烦恼"为题分别进行讨论，并记录下所有小组成员提供的引起父母烦恼的事情。其目的在于使学生了解到，不仅他们自身有各种烦恼，他们的父母也有各种各样的不如意，而这可能是自己平时所没有了解和关注的。

接着，让学生选出典型的父母的烦恼，并以此为主题，设计出一定的情节，分配不同的角色，内容要以父母的烦恼为主，同时必须有亲子双方的交流。剧情的设计过程其实就是父母烦恼在学生心目中的投射过程，要求剧情中亲子交流的目的是让学生认识到自己在父母的烦恼中所处的位置和所起的作用

最后，进行心理剧的演出，并评出"最理解父母表演奖"。通过心理剧的演出，不管是表演的同学，还是欣赏的同学，都加深了对父母的理解，对父母的情感有了更深的体验。

在心理剧演出结束后，辅导教师又组织学生开展了"面对父母的烦恼，我们能做些什么"的讨论，进一步强化了学生的情感体验，收到了实际的教育效果。

## （二）团体心理与行为训练法

### 1.团体心理与行为法训练概述

团体心理与行为训练是 20 世纪初起源于欧美，而后逐渐发展起来的一种以心理学为基础的专业助人知识、理论与技术。它通过团体内人际交互作用，促使个体在交往中通过观察、学习、体验，认识自我、探讨自我、接纳自我，调整改善与他人的关系，学习新的态度与行为方式，以发展良好适应的助人过程。团体心理训练

特别适合在学校运用。因为在学校内，团体自然而然存在。团体心理训练重在团体成员的互动，实践性强、形式多样、生动有趣，是协助学生成长发展、学生自我教育的重要方法。

团体心理辅导自20世纪80年代开始在我国内地开展，并被越来越多的人所了解。团体行为训练到目前为止还没有一个明确的定义，许多研究者认为，它是在一定的情境下通过提高应激源（刺激物）的强度，引发应激状态，使身体的生理、心理应激反应达到极限水平，而后再运用认知训练、暗示训练和放松技术等对生理、心理的潜在力量加以调节，以达到新的生理、心理适应状态，并通过一定情境下反复的主观体验、经验积累，建立起适应模型，借以提高生理和心理功能。

团体行为训练也适用于正常健康人。团体行为训练是一种有效地促进学生成长的方法，包括放松训练、自信训练、情绪表达训练、打招呼训练等。

严格来讲，团体心理训练与团体心理咨询、团体心理辅导虽然在理论基础和方法上有很多相同之处，但是它们仍属于不同概念。它们的区别主要是在活动源泉、目标、对象、活动性质、活动效果等方面。

团体心理辅导、团体心理咨询、团体心理训练的共同之处在于：

（1）都是在团体情境中进行，强调人际相互影响。如团体心理辅导、团体心理咨询强调借助团体力量影响个体，强调人际互动对人的影响，团体心理训练强调通过团体环境的行为实验来帮助成员学会如何解决问题。

（2）活动方法与技术上有交叉。心理学的方法与技术，如放松、暗示、心理剧、"空椅子"等在各项中都有应用。

团体心理训练的技术着重训练，强调此时此地，不涉及成员过去的行为；强调过程不强调内容；强调态度与行为的形成与改变。团体心理训练除采用放松、暗示、音乐、心理剧、"空椅子"等心理技术外，还采用辩论、演讲等一般方法。与此相比，团体心理辅导则重视情感体验、自我意识、内省等。

团体心理辅导是一种预防性、发展性的工作，是运用团体的情境，设计出活动课程、内容，用来预防个体发展阶段中可能会碰到的各类问题，以及所引发的一般性困扰。

团体咨询注重补救性、情绪性问题的解决，借助团体动力交互作用以促进成员更深的自我探索、自我了解、自我悦纳的过程。在应用时，团体心理咨询与治疗常常相连使用，而辅导则不会。故有人认为辅导面向健康人群，咨询面向有心理障碍的人群，治疗则面向精神病人。

当然，这种方法也有不足的地方，它偏重刺激与反应之间的联系，有点儿忽视学生的主体作用。训练是行为而不是人本身，因而其改变可能是表面的，只治标而不治本，一旦训练停止，可能又会故态复萌，不适宜于对较高层次的人生观等问题的辅导。

**2.团体心理与行为训练的方法**

团体心理与行为训练主要是通过辅导员与青少年的共同活动来进行的。团体训练的方法主要有认知法、操作法、集体讨论法、角色扮演法等。

（1）认知法。认知法主要是依靠青少年的感知、想象等认知活动来达到训练目的的，这类方法包括以下几种：

①阅读或听故事。辅导员向青少年推荐优秀的、有针对性的读物，以供青少年阅读。在团体训练过程中，可以安排读书讨论会，交流读书心得，这样可收到益智、移情的效果。并有助于青少年态度和人格的发展。例如，讲述寓言故事，帮助青少年建立善恶是非观念；讲伟人故事，使青少年效法伟人，树立高远的理想；等等。

②多媒体呈现。采用多媒体的手段，让青少年观看富有教育意义的幻灯、录像或电影，从而影响他们的思想和行为。

③艺术欣赏。通过对音乐、美术和舞蹈等艺术美的欣赏，陶冶青少年的情操，以起到提高心理健康水平的作用。

④联想活动。通过青少年的联想活动，来训练他们的想象力和创造力，以及表达内心感受和经验的能力。例如，让他们把一些不连贯的词和图画，联想成一个完整的故事；或通过故事接力，每人说一段话，串联成一个故事

⑤理性情绪疗法。通过暗示、说服和质疑等方法，来改变青少年的非理性信念，从而恢复和建立合理的思维方式，促进他们健全人格的发展。例如，在大考来临之际，和青少年一起寻找有关考试的不合理信念，帮助他们形成对考试的正确认识，克服考试焦虑。

（2）操作法

操作法主要是通过青少年的言语和动作的操作活动来达到提高心理健康水平的目的。

①游戏。游戏是青少年普遍喜欢的活动，具有趣味性、自主性、虚构性、创造性和社会性的特点。可分为竞争性游戏和非竞争性游戏。不同种类的游戏可起到不同的心理效果。竞争性游戏可培养青少年的竞争意识和团结合作的精神；非竞争性游戏可以减轻紧张和焦虑，获得轻松愉快的情绪体验。

②演讲。这种方法可以训练口才，增进团体成员之间的相互了解。例如，辅导员或团体成员自己先准备一些题目，如"我的妈妈""当我小的时候""我的理想""十年后的我"，等等，然后将题目和团体成员的姓名分别放在两个小箱子里。每次抽中一个姓名和一个题目，被抽中的团体成员准备两分钟，即席演讲两分钟。

③绘画、唱歌。通过绘画创作活动，可以培养青少年的想象力和创造力。例如，在纸上画一个圆，或几条线，让每人自由发挥，或全体成员集体创作；通过唱歌活动，可以引起青少年的共鸣，调动他们的情绪和积极性。

④实践活动。辅导员可组织成员有针对性地进行一些有实际意义的活动，如调查研究、访谈、参观等，以培养他们的综合能力。

⑤体育活动。通过登山、接力赛、打球、长跑等体育活动可以训练青少年的勇敢、坚毅、果断等意志品质，培养他们合作、关心他人等人际交往品质，提高他们机智、灵活、敏捷的智力品质。

⑥作业法。给团体成员布置适当的作业是心理健康团体训练中的一种方法。如小调查、写日记、做小实验等，可用来增强心理感受，提高认知能力或是进行心理训练。

（3）集体讨论法

集体讨论法是团体成员根据自己的生活经验和知识背景就一个共同的问题进行讨论，提出各自不同的看法，可集思广益，沟通思想和感情，促进问题的解决，以修正自己的看法。

①专题讨论。如在新学期开始时，让团体成员讨论如何转入正常的学习轨道；在考试前，专题讨论有关如何提高学习效率的问题；在学期结束时，可以专题讨论

如何度过一个有意义的假期等。

②辩论。就争论性的问题进行分组辩论，提出正反两方面的不同意见、根据和理由。

③脑力激荡法。利用集体思考和讨论的方式，使思想观念互相激荡发生连锁反应，以引起更多的意见和想法。主持讨论的教师要鼓励大家发表意见，容许异想天开，想法越多越好，不容许指责别人的意见，但可改进或组合别人的意见。

（4）行为训练法

行为训练法是以行为学习理论为指导，通过特定程序，学习并强化适应的行为，纠正并消除不适应行为的一种心理辅导方法。行为训练包括放松训练、自信训练、情绪表达训练，等等。在团体训练中，团体成员可以通过自我暗示、辅导员的示范和团体成员间的人际互动来进行放松训练、自信训练和情绪表达训练等。

以上心理健康团体训练的方法分类不是绝对的，不同类的方法之间有一定的交叉和包含关系。如认知法中包含行为训练的成分，而在操作法中包含认知的成分，只不过各种方法的侧重点有所不同。在训练中，辅导员要根据特定的目标，结合各种方法本身的特点，选择最为合适的方法，使团体训练发挥最大的作用。

3.团体心理与行为训练的教学步骤。

（1）确定要训练的行为

首先要明确训练的行为是什么，即确定"靶行为"。在训练中通过初步的行为功能分析，训练者可确定整个训练过程或者各个训练阶段中需要加以改变的行为中的具体目标。这些目标称为"靶行为"。

（2）对目标进行分析

确定目标以后要对该目标行为进行分析以确定训练的内容和过程，包括该行为被改变的难度、学生已有的行为情况、改变该行为的适用方法。

（3）制定团体行为训练的计划

在分析行为目标的基础上，要寻找影响目标行为的相关条件，制定具体的实施办法，设计恰当的活动以达到目的。科学的程序设计是心理导引成功与否的重要环节之一。

### （4）实施训练

首先是进行心理热身，使受训者大多数成员得到放松，形成良好的氛围。良好的团体氛围往往使学习者能更好地掌握新的行为或者消除不良的行为，形成团体凝聚力。团体凝聚的程序有赖于目标活动的成败，当全体组员在各项目标互动活动中，或在小组活动中，大部分的组员是以积极的方式参与活动，并能吐露真情，其他一些组员的问题行为，或称为一种防卫机制行为，得到了温和的处理，也愿意参与互动的活动和经验的分享回馈，这样大多数的团体组员就能很快地发展其团体的信任感和归属感，并愿意放弃心理防卫的防卫外壳，低的开放层次是能与组员分享体验，高的开放层次是能真情吐露内心的感受，不是隐私。

其次是要设计开展一系列互动活动，包括特殊情况下的候补活动，组织组员全体参与。在参与过程中得到冲击、体验、回馈，各有不同程度的成长。发展目标的达到并不是在每一个活动的终结，而是过程。组员在目标活动中相互信任，共同去活动、探索、解惑。老师的责任就是刺激成员互动、探索，从刺激的分步活动中，再引导走进团体独特成长目标的世界。同时，也要对群体中出现抵触情绪的成员及时进行干预，私下与他交换意见，必要时可以请他退出训练。因为心理导引的一个重要原则就是被训者要能接受老师的心理暗示，否则无论是什么导引方式都不会收到实效。当然，如果有较多的成员持有异议的话，就有必要对活动进行适当的修改。

再次，开展激荡探索。这一程序其实是融汇于目标活动中的一个代表性的心理技巧。每一个互动活动和每一次小组时间都要贯串运用此技巧。组员充满激情地投入活动时，就会打破原来的心理平衡，处在激烈的矛盾心理中，寻求新的心理平衡，这就有了新的成长体验和解决障碍的办法，也就是心理激荡。这时，老师本人还要运用以身示范、指引方向、刺激激荡、催化沟通等领导功能较长时间地维持互动、探索活动的发展。

最后是进行分享体验和成长评价。每次目标活动后都应及时地进行小组评价活动，让组员在组内分享体验，在轻松、和谐的气氛中互相倾吐该次活动中自己的体验；导师要求每个组员给予回馈，使组员在"自我沟通"的过程中成长，洞察了解他人、人生和社会。此时，导师也应是一个忠实的聆听者，必要时也可以组织一些游戏活动进行情感气氛的催化。

成长评价是团体辅导的一个重要程序，它贯穿整个活动程序的每个环节。它可以让组员在活动前鼓励成员定下自己的努力目标，然后使其在小组活动时间内进行自我肯定；也可以在每一活动后填写有刻度的或有情感头像的回馈单，加强体验或反馈意见；也可以设计各种各样的追踪问卷。

在此环节中，要注意情感催化技术。老师、组长千万不要发表有批判性的评价，本人要热诚，常带笑容，略带幽默，眼望所有组员，评价项目要多尺度，要当众公布。对于连续失败者应给予鼓励，并实施改进措施，如调换目标或组员等。奖品不宜贵重，鼓掌也是很好的奖励，要引导组员制作自我成长纪念品，进行自我肯定。

### （三）价值澄清法

#### 1.价值澄清法概述

价值观澄清学派是在西方由传统社会向现代社会转变过程中，为适应社会价值观念复杂多变的选择需要，20世纪60年代在美国当代教育复兴运动中出现的一个新的学派，它的诞生以路易斯·拉思斯（Louis Raths）等人合著的《价值与教学》一书的出版为标志。价值澄清学派提出了价值澄清的理论假设：人们处于充满相互冲突的价值观的社会中，这些价值观深刻影响着人们的身心发展，而现实社会中根本就没有一套公认的道德原则或价值观。

价值澄清法在教育上接受并发挥了杜威的经验论教育哲学，将儿童价值观的获得与生活紧密结合；在心理学上主要吸收了人本主义的思想，强调一种宽松的氛围和尊重他人的意识；在哲学上主要接受了存在主义的伦理学，否认绝对的道德原则，认为每一个人都有自己的价值观，价值观是相对的，并且重视价值观的获得过程而不是结果。

根据这一假设，价值澄清学派认为，教师不能把价值观直接教给学生，而只能通过分析评价等方法，帮助学生形成适合本人的价值观体系。所以，正如价值澄清学派的基尔申·鲍姆（Kirschen Baum）所说的，价值澄清可被定义为利用问题和活动来教学生评价的过程，而且，帮助他们熟练地把评价过程应用到他们生活中价值丰富的领域。

以上述理论为基础，拉思斯等人提出了价值澄清法的四个关键性因素：

第一，以生活为中心。主要帮助学生去分析、解决生活中他们感到困难或困惑的问题，从生活中发现问题，避免了教学和生活的脱节。

第二，接受实然。价值澄清法强调接受尊重他人的观点，与他人真诚相处。

第三，要求进一步反省。对价值观的形成作综合的反省，要求学生更多地了解人们珍爱和珍视的是什么，从而帮助自己进行选择。

第四，培养个人能力。培养学生将价值观付诸行动并进行自我指导的能力。

价值澄清法的主要特点表现在以下几方面：

首先，价值澄清法尊重了学生的自主选择。学生在进行选择的过程中，教师不能对其进行干扰，但是可为学生提供咨询及提供相关价值选择的资料。在整个过程中，教师所扮演的只是一个倾听者和辅助者的角色。从一开始，对价值的选择过程就体现了以学生为中心的思想，而非传统的灌输式教育，以教师为中心。因此，这种形式可使学生在动态的价值观中形成属于自己的思想，从而大大激发学生的积极性和主动性。

其次，在运用价值澄清法时，并没有一个现成的价值体系可在学生进行价值的自主选择之前供其参考。每个人的价值观都有自己的特点，价值澄清法认为价值观都是需要通过自我选择与判断而形成的，形成之后它只属于主体本身。这是对学生自主选择、判断、付诸行动之后形成自己价值观的一种保证。

再次，价值澄清法是一种可行的学习策略。在指导学生价值观的形成过程中，价值澄清法具有可操作性，它有着具体的阶段与步骤，教师操作起来比较容易。在传统的灌输模式下，教师所灌输的内容可能会受主观情绪影响，学生也在整个过程中处于被动状态。

最后，价值澄清法强调对个人的尊重，倡导价值中立。拉思斯认为判断一种价值观是否合理的依据是个人的喜好和感受，这仍然属于道德相对主义观点。再者，儿童的思考能力、生活经历毕竟有限，因此在运用价值澄清法时，有必要有意识地避开这一误区，考虑道德评议，并在价值取向方面加强社会主义核心价值体系的引导，或当其发展到以自我为中心时及时纠偏。

价值澄清法过于强调个人经验的个人主义立场，忽视了社会环境对个人价值观的形成带来的影响，遭到了人们强烈的抨击。对于拉思斯等人早先的观点，鲍姆将价值澄清的过程分为五个阶段：思维—情感—选择—交流—行动，将思维从选择中独立出来，强调了思维、推理对于价值澄清的意义，虽然它仍比不上情感的重要性，但至少说明了思维、情感、行动是有机统一的整体，缺少任何一个都不完美，即一个人确立的价值观必须是经过自己审慎思考的，并且他所珍视的价值也一定是会付诸行动的。同时，鲍姆强调了社会因素对澄清过程的影响，增加了交流这一过程，意味着重视人际交往，重视他人的选择，并参照他人的选择解决自己的选择所带来的冲突。

**2.价值澄清的方法**

关于价值澄清策略的种类，一直处于不断发展更新之中。1966年拉思斯等人在《价值与教学》一书中列入了21种策略，在1972年出版的《价值观澄清——教师和学生实践策略手册》一书中讨论了79种策略。以下是其中常用的三类方法。

（1）澄清反应法

澄清反应法是价值澄清策略中最为基本也是最为灵活的一种形式，这种方法既可以是教师与学生一对一的非正式交谈，也可以是全班集中讨论，还可以在学生的作业上进行笔谈。但不管采用哪一种方式，都要以鼓励学生对自己的生活方式和选择进行积极思考为宗旨。例如，有学生对老师讲，他在中学毕业后将要上大学深造。对此，如果教师回答，"你打算上哪一所大学？"或者"那很好，我希望你能如愿以偿。"诚然，这些回答对学生多少会有点作用，但未能真正帮助学生澄清价值。如果教师回答说："你没有考虑过其他可替代的选择吗？"这就有可能促使学生去思考未来生活的种种目标，并预计各种可选择的目标的利弊得失。

（2）价值连续体（价值观持续讨论法）

对于一些带普遍意义的问题，为了在更大范围内让学生积极参与讨论，各抒己见，就需要运用价值连续体这一方法。如教师在黑板上画条长线，先提出一个涉及不同价值观的问题，由教师或同学决定两个极端的观点，然后在长线上再画出几个分点以表示其他可能的观点。这时，教师可先让几位愿意发表意见的同学将自己的名字写在横线的适当位置上，简述其观点。待全体都选定后，再开始讨论。这一方式给学生们提供了公开发表意见的机会，以及获知多数人赞成某种价值取向的解释以及理由，它将有助于学生进一步思考并做出抉择。

在现实生活中，对于很多问题，价值观连续体都可蔓延到可进行选择的范围，而不仅仅是两个极端的看法。因为有很多问题并不是属于两个完全互相对立、非彼即此的价值选择。事实上，价值观连续体讨论法一般由挑选讨论话题、充分展开讨论、让学生充分思考、总结得到的体会四个步骤组成。

（3）价值排序法

价值排序法即让学生按不同的重要性，将几种事物进行排序，并给出排序理由。就是让学生将几种事物按其重要性排序，并说出这样排的原因。可先由教师和同学共同编制涉及不同价值观问题的问卷，每一问题均有几种可供考虑的答案，然后请学生按各问题的重要性排序。排序后，请同学们报出自己的排列顺序，根据各个同学的排列顺序展开班级讨论。在日常生活中，人们常面临抉择的情境，排序的方式给学生提供了练习抉择的机会。他们可在这个过程中对各种途径进行衡量比较，分出轻重，可以对外公开表示和拥护自己的选择。

### 3. 价值澄清的教学步骤

价值澄清法是个人价值信念的形成所经过的历程。其必须经过七个步骤：

（1）自由选择

个人的价值观，必须经过自由选择的历程，才能生根，在未经威迫下，个人所做的决定或选择，才能引导个人的行为，填鸭式的强迫灌输，大多仅止于表面行为而已。经过自由选择后产生的价值观念，才能引导个人的行为。

（2）从多种选项中选择

真正的价值观念，是经过选择的结果，个人若无选择的途径，事实上选择的行为不可能发生，而真正的价值也就无法发展。因此，个人价值的建立，要由多种可能的选项中选择才有意义。

（3）深思熟虑后选择

在感情冲动下，或未经思考，若贸然选择，不能主导真正的价值。个人唯有对各种不同的途径的后果加以深思熟虑，经过分析，比较利弊得失后，做出理智的决定，才能成为真正的价值，才可作为生活的指南。

（4）愿公开表示选择

审慎思考后的选择，人常会愿意在大众面前展示自己的价值，承认自己的价值，以及拥护自己的价值，以它为荣，自然乐意对外公开。

（5）采取行动

价值观念能左右行动的方向，当个人认为具有价值的东西，一定会努力去实践、完成，百折不挠，锲而不舍地采取行动。

（6）重复实行

当个人的一些信念、看法和态度，已达到价值阶段时，则会成为价值体系的一部分，一而再、再而三地表现在行为上，出现在不同的生活和空间。

（四）理性情绪法

**1.理性情绪法**

理性情绪疗法（RET）是由美国心理学家阿尔伯特·埃利斯（Albert Ellis）于20世纪50年代创立的。理性情绪疗法的治疗整体模型是"ABCDE"，是在埃利斯的"ABC理论"基础上建立的。埃利斯认为人的情绪和行为障碍不是由某一激发事件直接所引起，而是由经受这一事件的个体对它不正确的认知和评价所引起的信念，最后导致在特定情景下的情绪和行为后果，这就称为"ABC理论"。"ABC理论"是理性情绪辅导法的基本理论。所谓ABC是三个英文名词的简称，A是指存在的事实、事件；B是指个人的想法或观念；C是指个人的情绪反应及行为后果。该理论认为，行为和情绪反应是由观念引起而并非事实。如某学生受到教师批评后感到很恼火，我们通常认为，他生气是因为被批评，也就是说是事件引起后果。但"ABC理论"认为，批评（A）并不是造成学生不快的原因，他对批评所持的看法（B）才是根本的因素，假如他认为人家的批评是过分要求，是有意使他难堪，这种不合理的解释就会使他产生愤愤不平的反应（C）。

理性情绪疗法，又称合理情绪疗法，是认知疗法的一种，因其采用了行为治疗的一些方法，故又被称为认知行为疗法。人们的情绪是由人的思维、信念所引起的，合理的观念导致健康的情绪，而不合理的信念往往使人们陷入负向的、不稳定的情绪障碍之中。认为在个体的信念系统中，具有理性和非理性两种观念倾向，理性的信念将带来合理的情绪和行为，非理性的信念将带来不合理的情绪和行为。心理辅导的任务就是帮助学生认清自己在情绪困扰背后的非理性认识，代之以理性的认识，并把这种理性的认知方式巩固下来,使整个心理健康水平得到提高。侧重改变认知方法的重点是个体非理性思维的替代或称认知重建。

艾利斯认为不合理信念的几个特征是:

(1)绝对化的要求。绝对化的要求就是指人们以自己的意愿为出发点,对某一事物怀有认为其必定会发生或不会发生的信念,它通常与"必须","应该"这类字眼连在一起。如:"我必须获得成功""别人必须很好地对待我""生活应该是很容易的",等等。怀有这种信念的人极易陷入情绪困扰中,因为客观事物的发生、发展都有其规律,是不以人的意志为转移的。就某个具体的人来说,他不可能在每一件事情上都获得成功;而对于某个个体来说,他周围的人和事物的表现和发展也不可能以他的意志为转移。

(2)过分概括化。这是一种以偏概全、以一概十的不合理思维方式的表现。一方面,表现为对自身的不合理评价。自己做错了一件事就认为自己一无是处,以某一件或几件事来评价自己的整体价值,其结果往往是导致自责自罪、自卑自弃,从而产生焦虑和抑郁等情绪。另一方面,表现为对他人的不合理评价。别人稍有一点对不住就认为他坏透了,完全否定他人,一味责备他人,从而产生敌意和愤怒等情绪。

(3)糟糕至极。这是一种认为如果一件不好的事发生了,将是非常可怕、非常糟糕,甚至是一场灾难的想法。这将导致个体陷入极端不良的情绪体验(如耻辱、自责自罪、焦虑、悲观、抑郁等)的恶性循环之中而难以自拔。

**2.理性情绪活动的具体方法**

理性情绪教育作为心理辅导活动课的一种,是极为重视学生作为主体的能动的活动。在理性情绪教育中,有许多能引起学生心理活动和心理体验的活动形式,主要可借鉴以下几种:

(1)集体讨论式

集体讨论式是指围绕某个问题或情景,让学生自由、充分地发表自己的见解,以达到相互交流、相互学习并澄清错误观点的目的。它是课程最主要的活动形式,贯穿于训练过程的各个阶段。这类讨论通常由两类问题组成:一类是内容讨论,主要强调从活动中学到的内容;一类是体会讨论,主要帮助学生理解自己的一些经历。

（2）讲解式

讲解式主要用于介绍 ABC 理论、驳斥的技巧等知识性、技能性的内容，但必须有讨论式的参与。

（3）角色扮演

在假设的某种情境中，安排学生扮演不同的角色。一方充当来访者，充分表露自己的人格、情感等心理问题；另一方充当干预者，运用理论对来访者的问题进行疏导，如有需要，可以互换角色。主要运用于与非理性信念进行辩驳的阶段。

（4）撰写体会

把自己在成长过程中经历的感受，学习并运用 ABC 理论调整控制情绪行为的体会以书面形式加以记录，并在同学之间进行交流，分享集体的教育资源。

其他还有游戏、小组辩论等。在训练的不同阶段，应采取以一种形式为主，多种形式结合的方法。在实际运用的阶段，更多的是集体讨论、角色扮演等实践形式。所以各种活动形式是互相补充、相辅相成的。

3.理性情绪法的教学步骤

理性情绪法的操作程序如下：

（1）了解目前所要解决的情绪问题

比较全面地了解情绪发生的背景、事件等，明确目前所遇到的问题是怎样的、要解决的问题是什么。当情绪问题出现时，人们常常会强调它的结果，但对它产生的背景、引发情绪的事件等却可能会疏忽掉。所以，弄清楚"发生了什么事"是很重要的（尤其当背景或事件不是很明朗的时候），确定了这些，就为接下来要进行的辅导活动打下了基础，引导了辅导的进程。

（2）确定情绪的诱因，即事件 A

对具体情景或事件进行描述性概括。这里所说的"描述性概括"，是指对事件不加以任何的评价和推论，从实际出发，只是对客观事实进行叙述。这样做的目的是避免因人为的因素混淆事实的实际情况（因为有些时候，有的人常常会在叙述事件中，不自觉地加上自己的想象和推论，把"真实的"和"想象的"混为一谈，使事件失真）。弄清真相，才有可能分析对其产生的想法是否合理。

(3) 寻找情绪背后的想法 B

通过分析,把与某一情绪问题有关的想法展现出来,使情绪的产生"有据可依"。在某一事件发生之后,出现了某些情绪问题,但事件和情绪之间是不存在直接的因果关系的。因此,要寻找产生情绪的原因,就要从引起情绪的想法入手,挖掘情绪背后没有表现出来的"潜台词",看看究竟是什么想法导致情绪问题的发生,想法明确了,情绪问题出现的依据就有了。

(4) 针对以上的想法进行剖析

结合不合理信念的三个特征(思维绝对化、以偏概全、悲观主义),分析在这些想法中是否具有不合理的特征,有没有不合理之处,然后确认是哪些不合理的观念引起了目前的情绪。剖析的过程既是对目前不合理观念的否定,也是对自己已有认知习惯的调整。

(5) 树立新的合理想法

在对原有的认知结构进行调整之后,不合理的信念和想法就会被否定或排除,新的想法就会产生。在否定不合理想法的基础上,重新面对事件的发生,尝试用合理的观念来考虑问题,我们的情绪就会更趋理性化。

(6) 感受新想法下的新情绪

当新的想法出现时,情绪就会跟着发生变化,新的感受就会产生,体验两种不同想法所带来的不同情绪状态,并将前后两种想法和情绪进行比较,就很自然地能感受到想法改变后所带来的情绪的改变,并肯定这种改变。

**4.理性情绪法的适用范围**

(1) 因认知上的原因而导致的情绪问题

理性情绪法一般适用于因认知上的原因而导致的情绪问题。因为理性情绪法主要是通过改变观念来调节情绪,因此如果在观念上没有改变的可能,这种方法就较难应用。

(2) 一般情绪问题

理性情绪法适用于正常人的一般情绪问题,所解决的情绪问题通常比较简单,程度相对较轻。对于已经偏离正常的情绪问题则很难奏效。

(3) 具有相应思维和判断能力的人群

理性情绪法适用于一定年龄的具有相应思维和判断能力的人群，对于理解和认知能力较差的婴幼儿和智力水平明显下降的年迈者或智力、精神有缺陷的人不适用。

理性情绪法为解决情绪问题提供了显著的帮助，在某种程度上有效地达到了调节情绪的目的，但情绪困扰并非都是非理性信念的结果，事实上困扰情绪并非都是非理性情绪因素。所以，理性情绪法也是具有相对性的，不是适用于一切情绪问题的"法宝"，在具体的运用中要加以注意。

## 第六节 高中心理健康教育教材的分析与思考

### 一、现行高中心理健康教育教材编写理念

学校开展心理健康教育服务以心理健康课程为主阵地，以心理健康教育教材为主要载体。因此，不同版本的教材体现了不同地区学生心理发展的特点，心理健康教育教材的编写理念不仅反映了编者力图达成的心理健康教育目标，同时也反映了对教师教学及学生心理成长的标准与要求。本节通过对部分心理健康教育教材前言部分的呈现与比较，试图依据现行高中心理健康教育教材编制理念的特点与独特之处两部分进行分析。

（一）现行高中心理健康教育教材编写的基本理念

1.坚持以《中小学心理健康教育指导纲要》为导向的编写依据

《中小学心理健康教育指导纲要（2012年修订）》（以下简称《纲要》）作为学校开展心理健康教育工作的行动指南，同时也是编制心理健康教育教材的"文本标准"。随着教育部颁布《纲要》等相关文件后，心理健康课程文本的编制工作由

过去无统一标准转向统一的、具体的、规范的编审程序，各省市地区逐渐重视并落实开展学校心理健康服务工作。

《纲要》明确指出心理健康教育的总目标、具体目标以及高中学段心理健康教育的主要内容。因此，当前各版本教材均按照文件指出的相关内容进行编写，如在编写目标上，教材编写紧密围绕健全学生的身心素养以促进学生得到和谐发展，为个体未来的个人发展与成长奠定一定基础；在编写内容上，依据文件指示的具体目标以及教育内容，当前各版本教材主要围绕社会与生活适应、学会学习、人际交往、情绪调适、自我认知、生涯教育以及生命教育等内容展开，这八大内容基本涵盖了当前高中阶段学生所面临的心理困境。以学生的生活经验与体验为根本，坚守心理健康教育的预防导向，以发展性教育为原则，着眼于受教育者身心发展的顺序性与阶段性以及教材编写内容的科学性，切实落实以《纲要》等文件对心理健康教育工作的期望与要求。《纲要》的颁布不仅体现了国家对于学校心理健康教育的支持与关注，同时也是对当前学校开展心理健康教育工作的基本要求，是学校全体一线教师践行心理健康教育的根本指南，是课程文本编制的基本依据。

2.以培育积极人格为导向的编写目的

早期的心理健康教育主要以干预与矫正为主要的工作模式，然而由于这种干预模式受干预时间长、受众范围小等影响导致其并不能满足大多数学生的发展需求。随着高中阶段学生群体的大量涌入以及社会不断地发展，学生身心发展出现了不足，要想为学生提供高效的心理健康教育服务，就必须解决树立正确的心理健康观念以及教育模式的转型的问题。因此，积极心理学的推广，对学生用积极的、乐观的眼光看待人生提供了很大的帮助，使学校心理健康教育工作模式的转型得到了有力支撑，工作模式由过去的干预导向转变为预防导向。各学校通过向广大学生群体开设心理健康课程，大规模开展预防行动，逐渐实现了学生积极人格的培育。

因此，当前教材的编制坚持以发展性心理健康教育原则为导向，关注学生核心素养的培育，致力于培养学生积极的心理品质。尽管不同学段教材侧重内容不同，但各学段教材均不能忽视学生积极心理的生成。其中，小学阶段教材强调学生积极行为习惯的培育，初中阶段教材关注对学生积极情绪的锻炼，与小学、初中教材相比，高中心理健康教育教材致力于学生积极人格的塑造。整体来看，现行心理健康教育教材基于积极心理学构建教材的编写目的,致力于培养受教育者积极的人生发展观。高中阶段作为人生发展的关键期,对受教育者的身心发展要求远非情绪的调适、习惯的养成,在深入探求学生的内心世界的基础上,应关注对学生整个人格品质的培育,将心理健康教育与德育工作融合共生,明确高中阶段心理健康教育的服务核心。

3.坚持以发展性原则为核心的内容设计

心理健康教育关注内容体系的生活性、体验性与探究性。整体的内容设计以学生为本位,以探究为主导,在学生合作与问题解决中促成学生自我调适能力的提升。通过对各个版本教材编写理念的梳理,笔者发现这些教材的编写内容呈现以下特点。

(1)关注学生经验,体现学生本位

主题的选择、内容的组织、活动的设计源于学生的需求,充分将知识体系的逻辑性与学生身心发展的顺序性结合起来,立足学生的发展。

(2)依据学生需求,关注活动的探究与体验

教材的各个环节的探究模式是多元的,如小组讨论、角色扮演、案例分析、自主学习等探究模式。通过教师关键环节适当的话语提问,学生可以自主探究,在体验中获得问题的解决方式。教材内容设计致力于学生自主解决问题,学习过程是开放的,探究结果是多元的。

(3)基于学科规范,突出总结性与指导性

无论哪一版本的教材在内容设计上均具有指导性色彩,它们不仅关注内容为学生带来的教学效果,同样关注对学生除课堂外的生活指导,即是否能够将所学"变现"为所用。因此,在体验性与探究性的内容视域下意味着教师退隐于教学的第二位,然而并非强调完全不指导,而是强调教师话语的精准性以及总结性。

## (二)现行高中心理健康教育教材编写理念的特点分析

1.依据受众范围,凸显有地方特色的教材

由上述内容可知当前各版本教材主要依据《纲要》所规定的教育内容进行编写,因此各省市均制定了相关政策落实《纲要》中指导的相关内容。笔者发现,各版本教材均基于教材的受众范围进行编写,如上海教育出版社《高中生心理健康自主手

册》基于上海市相关心理健康教育指导文件的颁布进行心理健康教育教材编制，结合上海市社会发展、学生发展的需要构建心理健康教材内容，以"专题—模块"组织主题专题，各专题涵盖从不同角度进行内容切入。

广东教育出版社《学校心理健康教育》以面向全体广东省中小学生进行教材编制。一方面，教材力求做到彰显"广东特色"，以推动广东省心理健康教育工作的发展，关注培养学生积极人格品质的塑造，体现培育全人的理念。

凤凰出版社《高中生心灵之旅》由无锡市一线教师共同编写，编写人员具有丰富的实践经验，熟悉无锡市学生心理健康状况，了解学生的心理困惑，他们结合理论进行心理健康教育教材的文本编制。《高中生心灵之旅》是一本为地方服务的心理健康教育教材。

因此，从整体来看，各省市出版的教材的受众范围的不同，教材的编写主要是面向本省市的学生，凸显了地方特色。

2.依据教育改革，融入优秀传统文化内容

教育部颁布的《完善中华优秀传统文化教育指导纲要》（教社科〔2014〕3号）中指出了贯彻落实中华优秀传统教育的迫切性，并明确指出将涉及有关优秀传统文化内容融合于课程与教材内容体系建设中。这表明优秀传统文化教育需要在全学科领域中进行融合。

## 二、现行高中心理健康教育教材主题设计

加强学生心理健康水平，提高学生心理素质已成为学校心理工作的重点。以高质量的心理健康教育教材为基础，专业化的心理健康教师为主导，为提高学生心理健康素养指明了坚定方向。当前心理健康教育教材以团体动力学、积极心理学、发展心理学、生理心理学等学科作为理论基础，夯实了心理健康教育教材的专业性、发展性特点。基于《纲要》所倡导的心理健康教育理念，现行高中心理健康教育教材大致分为"社会与生活适应、学会学习、人际交往、情绪调适、意志磨炼、生涯教育、自我认知及生命教育"八大主题，她们构建共同了完整的、流畅的心理健康

课程文本。

(一) 现行高中心理健康教育教材主题结构设计分析

通过梳理对现行高中心理健康教育教材主题结构的频次占比，整体来看主题结构占比主要可以分为三个梯度，即第一梯度（平均占比 20%~30%）：学会学习与人际交往。第二梯度（平均占比 10%~20%）：社会与生活适应、情绪调适、自我认知与生涯教育。第三梯度（平均占比 0%~10%）：意志磨炼与生命教育。下面围绕以上三个梯度进行分析。

1. 第一梯度：学会学习与人际交往

学会学习与人际交往占比突出（平均占比 20%~30%）。不仅体现了编者对该主题的关注，同时也凸显了当前高中生群体主要的心理困惑。笔者认为其占比突出成因主要表现为两方面。

(1) 基于学生生活的需要

高中生的生活主要是学习，受升学压力的影响，高中生群体每天面对快节奏的学习进度，承受着如各学科教师对其授课、各科作业的完成、作业的反复订正以及各阶段的月考、期中考、期末考的压力，学习困惑始终伴随其成长。因此，高中生群体的学业困扰若不及时得到疏解，就会产生严重的心理问题。同时，个体的本质属性为社会性。高中生群体也是如此，面对不同个体，即与老师、同学、家长之间的相互交流，如与同学交往中人际关系的处理、说话之道、男女生交往的原则，与老师、交往的关系处理等问题都是高中生群体主要面对的交往困惑。由于该阶段学生心理发展水平的限制以及其身心发展的需求，需要通过相应的预防与干预提高其人际交往水平，解决人际交往困惑。

(2) 基于社会发展的需要

培育创新型人才是开展教育事业的最终落脚点，学会学习不仅指向教会学生学习，除关注学生学业情绪、对学法的掌握外，对学生素养有更高的要求，即关注学生自身潜能的挖掘，树立发展性自我的观念以期造就创新型人才。换句话说，学会学习不仅立足于学生的基本生活，更是对教育"属人"性的升华，是培育创新型人才的关键举措。同时，指向未来的教育离不开人与人之间的相互作用。人际交往主题不仅着眼于当下的生活，即学生与老师、同学以及家长间关系的处理，更关注学生对人际交往方式的掌握，使其在身心发展的关键阶段学会如何面向他人、面向社会，为个体适应社会、营造良好的校风、构建和谐的未来社会奠定基础。

2.第二梯度：社会与生活适应、情绪调适、自我认知与生涯教育

第二梯度主题占比较为均衡，占比平均为 10%~20%。较为全面地反映了高中生群体应具备的关键能力与素养。着眼于学生的真实生活建构社会所期望的、需要的健全的心理素质，笔者认为各主题占比成因主要表现为以下几方面。

（1）基于构建学生积极人格的需要

随着积极心理学研究领域的发展与推广，构建积极的人格特质是《纲要》明确的总体目标，是学校开展心理健康教育工作的共识。学生积极人格的实现需要三方面能力作为支撑：

一是良好的情绪管理能力。情绪管理能力考验学生能否在消极情绪显露时正确处理情绪，觉察消极情绪，并以积极的情绪观念正确看待所发生的事物，采用妥善的情绪调节方式管理自我心境。因此，对学生情绪问题处理作为心理健康教育工作的基础，对其情绪管理能力的培育至关重要，学生群体若不具备良好的情绪调节能力，更不必谈及"积极"特质了。

二是认识自我能力。结合当前高中生群体的实际生活来看，其大多情绪困扰多是由于尚未明确自我特质、自卑与自负等问题引起的。如学生难以适应高中生活、对未来发展迷茫等问题均是由于自我认知模糊而产生的一系列困惑。因此，自我认知主题不仅为学生的情绪调适服务，也为学生搭建积极人格奠定至关重要的基础；

三是适应社会与生活的必备品质。尽管心理教育与道德教育作为不同的教育领域，理应区分其教育边界，但不得不承认的是二者在部分内容中具备拟合之处。如学生责任感、感恩等人格品质的培育均属于两者的教育内容，而该部分内容在心理教育中属于社会与生活适应主题的必要组成部分。该主题内容不仅使学生掌握社会生存的技巧，同时要求对学生更高的精神层面的培育，致力于高中生群体生成积极的人格品质。

（2）基于探索学生人生发展的需要

培育全面发展的社会主义事业的建设者与接班人是保证我国教育事业长久不

衰的教育方针，实现学生的人生发展以及促成以"生命"影响"生命"的教育任务不仅需要学生学科基本知识的掌握，更需要对整个人生的把握与展望。因此，随着教育事业的蓬勃发展，心理健康教育工作应具备一定的指导性，即发展指导工作。在心理健康教育教材层面，主要表现为自我认知与生涯教育主题。

一方面，自我认知为生涯发展奠定基础。学生发展具有差异性特点，教育不能"平均地"对待所有学生，在心理教育领域中尚且如此，每个学生都是独特的个体，均具备不同的兴趣爱好、性格等特点。因此，若要促进学生的个体发展，心理健康教育要打好基础，即引导学生了解自我，基于对自我的了解构建通往未来人生发展的联结。

另一方面，生涯教育是自我认知的延续与发展。学生在了解、认识自我的基础上能够更好地理解未来想要投入的发展方向，寻找个体意愿从事的工作领域，追寻人生发展的意义。生涯教育不仅着眼于学生现实的高考选科、填报志愿需求，同时致力于对个体人生境界的追求，对促进个体发展具有显著的积极意义。

### 3.第三梯度：意志磨炼与生命教育

意志磨炼与生命教育主题占比相对较少，平均占比在0%~10%。其中，部分版本教材对生命教育主题并未涉及，但其主题内容对学生心理健康的防治仍有至关重要的作用。基于此，笔者认为二者主题占比主要由以下原因构成。

（1）基于同步时代发展的需要

良好的心理品质，其作用不仅在于能直面挫折，同时能引导学生自觉抵御由于时代发展产生的多方面的诱惑。随着科技的发展，互联网逐渐普及，学生在享受"互联网+教育"带来的教育福利的同时，也面对着互联网中的各种诱惑。基于此，心理健康教育工作要紧随时代发展，引导学生正确识别诱惑、抵抗诱惑，这样才能将互联网应用得"恰到好处"。意志磨炼主题致力于时代发展对学生的新要求，如抵御游戏诱惑、手机诱惑、过度追星等现象，因此其需要具备基础性与时代性双重功能，是心理健康教育不可替代的组成部分。

（2）基于关爱生命价值的需要

社会经济的快速发展在为个体生活带来了便利的同时，也暗含着心理危机。当前高中生心理健康状况并不乐观，学生自杀率急剧攀升，这表明学校不仅要关注高中生群体日常的情绪困惑，做到及时干预，同时也要预防学生产生心理危机倾向。因此，生命教育的作用凸显，引导学生正视生命、尊重生命以及爱护生命，对降低学生自杀率具有重要作用，生命教育筑起了学生生命安全的一道防线。

综上所述，各版本教材在各个主题占比分配中重点突出，占比均衡。它们以学会学习与人际交往主题为主，同时关注学生社会与生活适应、情绪调适、生涯教育与自我认知的培育并辅以意志磨炼、生命教育的关注。其中，各主题并非完全独立存在，而是相互融合的关系。总体而言，各版本教材主题占比分配合理，但部分教材未将生命教育纳入教材主题中，生命教育通过唤起学生正视生命、尊重生命以及爱护生命意识，对降低学生自杀倾向具有重要作用，因此心理健康教育教材应重视其合理地位。

### （二）现行高中心理健康教育教材主题内容设计分析

通过对教材主题内容的梳理与汇总，下面依据主题内容设置的"横向"与"纵向"，即对主题内容的分类以及主题内容的设置是否符合学生身心发展的阶段性特点进行评析。

#### 1.社会与生活适应

通过对社会与生活适应主题内容进行分析，不同版本教材内容设置虽有不同，但教学目标均一致，即引导学生适应集体生活、学会生活生存的基本本领；适应社会生活，造就社会所需要的积极品质并积极投入社会。

（1）基于社会与生活适应主题内容设计的横向分析

从内容设置的横向来看，社会与生活适应主题内容设置主要分为适应生活能力、适应社会能力以及践行社会必备的积极心理品质培育。

第一，在适应生活能力维度方面，主要围绕适应高中新生活、适应集体生活内容展开，致力于培养学生良好的生活习惯和基本的集体生活适应能力。如"适应高中新生活""学会合作""合理安排休闲时间"等课程内容。

第二，在适应社会能力方面，强调搭建学校与社会间的桥梁，唤醒学生适应社会、投入社会的意识，引导学生意识到学校与社会并非各自独立存在，沟通学校与社会间的联系。如"我与社会""在社会实践中成长""学会理财""提高网络素养"等课程内容。

第三，在适应社会积极心理品质方面，主要培育学生"社会责任感""学会感恩""讲诚信有担当"等积极品质，该部分内容致力于培育学生健全人格，引导学生意识到个体成长并非片面的知识增长，而是全身心的投入与完善，这种积极人格的培育是实现立德树人的重要途径，将心理教育与道德教育进行了有效融合。

（2）基于社会与生活适应主题内容设计的纵向分析

从内容设置的纵向来看，上述内容安排主要呈现递进性特点。结合学生生活实际及其心理发展特点呈现以下规律。

高一内容设置主要围绕培养学生适应生活能力展开，以解决学生新生活适应问题。该阶段学生主要面临着由初中至高中生活的转变，在学习生活、业余生活以及人际交往等方面均面临新生活适应问题，因此大部分教材均将"适应新生活"作为高一课程的主要内容。

高二内容设置主要围绕培养学生积极心理品质展开。在此阶段学生心灵逐渐成熟，摆脱了由初中至高中转变的稚嫩时期，在引导学生适应新生活的基础上，能够有效地挖掘学生积极心理品质，构建完整人格，造就合格公民。

高三内容设置主要围绕培养学生适应社会能力展开。高三学生的心智发展水平趋于成熟，不仅面临升学考试的压力，同时也意味着即将迈入大学生活，大学是一个小"社会"，因此适应社会的必备技能是高三学生要学会的关键一课。

（3）对社会与生活适应主题内容设计的评价

加强学生对新集体生活适应内容的关注。整体来看，各版本教材主题内容的配置较为合理。由于学生身心发展的差异性特点，不同学生的身心发展水平有早有晚，并不能按照所谓的普适规律"一刀切"。因此，不同阶段内容的设置在年级分布上有适当的调整是合理的。结合实践笔者发现，在高一阶段学生产生集体生活不适的问题较为明显，并且若新环境适应问题未得到良好解决，其对学生的心理会产生极大的消极影响，甚至影响后续生活。然而，部分版本教材并未将该部分内容设计到教材内容中，忽视了学生的需求现状，因此对于该部分内容应给予重视。

**2.学会学习**

学会学习主题在教学目标上主要表现为：使学生树立正确的学习意识，激发学习动机；掌握基本学习方法，有效解决学习困惑；发掘自身潜能，实现创造力的获取等。

（1）基于学会学习主题内容设计的横向分析

第一，培育学生自主学习观念。如"激发学习动机""与学习结伴"等课程内容。该部分内容是学会学习主题的基础章节，无论是学习方法的掌握还是创造力的培养，均需要学生自主的、内在的学习动力作为支撑，因此探索学生自发性的学习，使学生初步掌握学习的正确观念对学生的学业生活十分重要。

第二，关注学生学习方法的掌握与处理。课程内容主要体现在以下两大方面：整体层面上如"学习方法盘点""高效率学习""做聪明的学习者"等课程内容从宏观层面使学生意识掌握学习方法的重要性。具体层面上，一是学习方法的指导，如"做时间的主人""时间管理祝你张弛有道""学习的精加工""学习的自我监控和调节"等课程内容，致力于培养学生自主学习以达成高效学习的目的；二是记忆策略的优化，如"锤炼记忆品质""记忆有方""减少遗忘循规律"等课程内容关注学生记忆力的培养，直面学生学习生活中的真实困惑，以如何提高记忆能力为核心展开，该部分内容不仅引导学生意识到学习方法的重要作用，同时培育学生掌握学习方法的能力，基于教育心理学的有关理论，以科学原理进行支撑，引导学生认同并理解和学习多样的学习方法并应用至学习生活中。

第三，以创新能力为核心的学习潜能开发。如"学习为创造强基""挖掘学习潜能"等课程内容，培育创新型人才是教育工程的根本使命，引导学生在掌握基本的学习方法后，敢于突破自我，跳出"舒适圈"，这也是落实培养创新型人才的重要内容。

第四，解除学业瓶颈。如"战胜拖延行为""跨越学习高原期""学习倦怠及应对"等课程内容。当学生的学习年限以及学业成绩达到一定高度便会产生一定的拖延、倦怠以及高原期。因此，恰到好处地引入该部分课程内容对于解除学生学业瓶颈具有积极作用，使学生意识到只要科学合理地处理，问题便能得以解决。

（2）基于学会学习主题内容设计的纵向分析

从内容设置的纵向来看，各版本教材内容的安排呈现并进式特点。通过上述主题内容分类的梳理，各版本教材的内容设置在各年级的分配上未有明确的界限，归其原因是学会学习主题内容是大多高中生群体可以掌握的。

如果一定要进行规律上的总结，笔者认为该部分内容主要依据知识体系的逻辑性展开，即无论哪类内容的呈现均以培养学生观念为基础，如培育自主学习观念、掌握学习方法的重要性、培育创新思维等，均是学会学习主题内容设置的出发点，因此该部分内容在高一阶段课程设置中相对较多。

（3）对学会学习主题内容设计的评价

综上所述，学会学习主题内容的设计安排合理，既考虑了知识体系的逻辑性也关注了学生学习生活的现实性，不设置明确的分类边界，依据科学原理将学法指导、潜能开发等内容贯穿于所有年级，体现了循序渐进特点，同时兼顾学生实际经验，为开展科学的学习生活开辟了道路。

3.人际交往

人际交往主题在教学目标上主要表现为引导学生掌握人际交往的方式与技巧，培养学生与同学、老师及家长良好沟通的能力。

（1）基于人际交往主题内容设计的横向分析

从内容设置的横向来看，当前人际交往的主题内容设置随着社会发展所涵盖的范围不断深入，人际交往主题内容主要表现为三个方面：同学交往、家庭交往以及师生交往。

一是在同学交往方面，主要表现在树立集体意识，交往方法指导以及异性间交往规则。如"和同学一起成长""感受集体温暖""成为受欢迎的人""幽默——沟通的润滑剂""花季莫种相思树""谈'情'说'爱'""揭开性的神秘面纱"等内容，以构建积极的集体意识为核心，在班集体的架构中引导学生学会正确处理人际关系，掌握处事方式，感受集体的温暖。同时，聚焦于树立男女交往的正确观念与态度培育，部分教材突破性地将性教育纳入该主题内容中，为开展正确的男女交往提供了基础。

二是在家庭交往方面，树立正确的亲子观念。如"亲子天平""正确面对家庭矛盾""亲情进行时"等课程内容。使学生了解、理解父母，学会与父母沟通以及正确处理家庭中的冲突与矛盾以搭建稳定且温馨的亲子关系。

三是在师生交往方面，树立正确的师生观。如"寸草报得三春晖""我与老师交朋友""师生相处有办法"等课程内容。让学生学会如何与老师相处的方法,学会理解老师,学会感恩老师。

(2) 基于人际交往主题内容设计的纵向分析

从内容设置的纵向来看,人际交往主题内容贯穿学生整个高中生活。原因主要在于无论是与同学、老师还是家长的交往,学生所面对的人际关系问题是并行的,处理解决交往问题的方式也是相同的。

对于高中阶段的学生来说,学习人际交往相关主题内容时无论是哪一年级的学生都符合其认知发展规律以及生活经验。如步入新生活的高一学生面临的与新同学、新老师间的交往问题;高二学生在完成选科后因班级环境的变化同样面临的交往问题;高三学生因压力等情绪问题产生的交往冲突等。对此,教材内容的设置可以很好地解决,因此在该主题内容中,内容的选择可以根据学生的实际情况做出调整。

(3) 对人际交往主题内容设计的评价

总体而言,人际交往主题所涵盖的内容较为合理。其内容的设置对任一年级阶段的学生均适用,具有基础性特点,不仅教会学生如何与老师、家长相处,同时也引导学生学会感恩,懂得感恩,学会理解。人际交往主题再次将人格塑造贯穿于心理教育中,贯彻了《纲要》明晰的教育理念。但在内容的选择上,可以做出更多的新颖尝试。

### 4.情绪调适

情绪调适主题内容在教学目标上主要表现为:引导学生正确看待情绪困扰,使学生学会正确处理情绪的方式方法,转变消极情绪。

(1) 基于情绪调适主题内容设计的横向分析

作为心理健康教育教材的基础章节,情绪调适对学生的生活引导起着全局性作用。情绪调适主题内容主要包括认识情绪与调节情绪两方面内容。

一方面,认识情绪以初步了解并接纳情绪为主要内容。如"千姿百态的情绪""情绪调色板""认识情绪"等课程内容。认识情绪是学生接纳情绪的基础,是开展一切情绪调节活动的前提。学生若不具备正确认识、了解情绪以及觉察的能力,任由消极情绪放纵,就会对身心造成不可逆的影响。因此,在开展一切活动前,不良情绪的困扰是学生产生消极心理的根源,包括产生生活不适、学习焦虑、择业困惑等问题均是不当的消极情绪在发生作用。因此，正确引导学生看待自我情绪、正视情绪并觉察情绪，对开展心理健康教育具有基础性作用。

另一方面，调节情绪主要以常见的情绪问题为切入点。如"恐惧是'纸老虎'""忌妒是无爱的偏见""管好你的'愤怒怪'"等课程内容，对学生日常产生的情绪危机进行化解以期保证积极的情绪状态。同时，学习是高中生活的主要内容，因此各版本教材的编制者均将学习中的情绪调适纳入教材中，主要表现在考试情绪调适、学业压力调适等方面，如"了解你的考试焦虑""考试的酸甜苦辣""实话实说化压力"等课程内容。

（2）基于情绪调适主题内容设计的纵向分析

从纵向分析来看，情绪调适主题内容设计以认识情绪内容为基础，以调节情绪内容为提升。因此，在知识内容的安排上体现了知识的逻辑性以及学生认知的可接受性。

首先，认识情绪作为开展情绪调适主题内容的前提，其内容的设置主要安排在高一年级或教材的初始部分。而这一部分内容显然是学生可接受的，无论在小学教材或是初中教材中，情绪调适章节均有呈现，这表明学生对情绪已有关注，并非完全建立在空中楼阁基础上了解情绪。同时，情绪问题通常是学生生活中常见的问题，如家长的愤怒、同学间的嫉妒等，学生具备一定的察觉情绪的经验，因此各版本教材将认识情绪置于"入门"阶段是学生可接受的，是符合教育规律的。

其次，调节情绪内容主要分布于高二至高三年级或是全册的中后部分。在引导初入高中的学生构建基本的情绪认知的基础上，指导学生采用科学的方式对情绪进行调控，由于这些情绪分布广泛，长期存在于学校生活、家庭生活以及社会生活中，学生难免在处理情绪问题时产生困扰。因此，该部分内容对于学生来说既是他们所需要的，同时也能够运用已有的生活经验进行学习。高中生群体大部分的时间都在学校度过，大多的情绪问题主要源于学业，因此大部分教材均将学习焦虑等问题置于其中。随着时间的推移，学生的学业问题会越来越凸显，这就会使学生产生学业情绪。因此，情绪调试内容的设置能使学生产生的学业焦虑等情绪得到及时缓解，直面日常生活，直击困惑。

（3）对情绪调适主题内容设计的评价

整体来看，各版本主题内容的设计与分布安排合理，但部分教材并未考虑知识体系的逻辑性特点，如首都师范大学出版社《心理健康》将调节情绪内容置于认识情绪内容前，不符合知识体系的逻辑性以及学生的认知规律，因此在内容安排方面应给予关注。

通过上述分析发现，学生的情绪问题并非单纯的产生情绪困惑，而是由于某种原因而引起的情绪问题。对于高中生群体来说，其产生情绪问题的成因多样，如因老师的批评产生的悲伤情绪、由于班级中不合理的竞争产生的嫉妒情绪、与同学冲突产生的愤怒情绪、对未来发展迷茫产生的焦虑情绪，等等。因此，情绪问题存在于生活的各个领域中，如何引导学生在各个环节中能够识别情绪，需要广泛调查学生产生情绪的原因，将丰富案例应用于课堂教学之中。因此，情绪调适主题作为基础章节，要充分与学生的生活融合，引导学生正确看待以及觉察情绪问题并自主应用，从而缓解学生的情绪，引导学生积极面对生活。

5.意志磨炼

意志磨炼主题内容在教学目标上主要表现为：引导学生用积极的眼光看待挫折、面对挫折，提高耐挫力；引导学生理性看待诱惑，抗拒诱惑。

（1）基于意志磨炼主题内容设计的横向分析

意志磨炼主题内容设计主要涵盖两部分：挫折教育以及抵抗诱惑教育。二者主要以挫折教育为主并适当将抵抗诱惑内容融入其中。

在挫折教育方面，主要以培养学生的意志力与耐挫力为核心，以期提高学生的心理韧性。如"成长是学会忍受痛苦的过程""挫折中的防御反击""我坚持我胜利"等课程内容。高中阶段作为学生由青少年转变为成年阶段的"关键期"，提高学生应对挫折的心理防线，能够有效预防由挫折而产生的消极情绪，并引导学生积极面对挫折，提高意志力。因此，开展挫折教育对预防学生消极心理起着至关重要的作用。

在抵抗诱惑教育方面，主要培养学生理性看待诱惑，自觉抵抗诱惑能力。如"光环效应之'追星'""手机依赖要不得"等课程内容。随着社会发展，电子媒介的介入丰富了学生的生活，但也对学生的生活产生了危害。我们经常看到不少高中生因为手机成瘾、游戏成瘾以及盲目追星等问题,其身心产生了不可逆的后果,因此部分教材将这些内容纳入意志磨炼主题中,致力于培育学生抵抗诱惑的能力,帮助其合理使用电子媒介。

(2)基于意志磨炼主题内容设计的纵向分析

首先,挫折教育内容大多集中于高一下学期至高三上学期的课程,内容的安排主要关注学生对挫折的应对,如北京师范大学出版社《心理健康》在该内容设计中具有循序渐进的特点。高一阶段引导学生树立对挫折的正确观念;高二阶段关注并帮助学生提高应对挫折的能力,掌握正确处理挫折的方法;高三阶段引导学生直面挫折,获得积极战胜的勇气。这样的内容安排能够贯穿于整个高中生活,引发学生对挫折的思考,并对高中生群体生活产生较深远的影响。当学生面对来自交往、学业等挫折时,能够有效地运用其逆境商数化解挫折,勇敢应对挫折。

其次,抵抗诱惑能力内容主要集中于高一阶段。其具体内容主要涵盖关于"追星"、网络成瘾、手机依赖等问题,这些问题不仅存在于高中学生,甚至在小学、初中阶段便早有涉及。青少年不同于成人,他们的身心发展还不成熟,面对各种诱惑时更容易被其影响。相关新闻报道中,一初中教师在批改作文作业时,发现一名学生的作文内容大范围地运用"饭圈"用语,这警示着我们对于提高学生抵抗诱惑能力应及早施教,在高一阶段设置相应课程对预防学生过度成瘾有积极作用,对干预已成瘾的学生具有一定的"退烧"作用。

(3)对意志磨炼主题内容设计的评价

一方面,各版本教材在意志磨炼主题内容设计中应加强对其内容安排的掌握。通过上述内容的梳理发现,部分版本教材在内容的安排上较为混乱,尚未与高中生群体的真实生活产生联结,知识体系的顺序性尚有欠缺。

另一方面,应加强学生对抗诱惑能力的培育。如前所述,当前学生追星成瘾、手机成瘾、游戏成瘾不占少数,而且年龄逐渐年轻化。然而,大多心理健康教育教材并未设置相关内容,该部分内容对防治学生成瘾问题具有显著作用。因此,未来心理健康教育教材可加大对抵抗在电子媒介背景下的种种诱惑的内容设计,加大对学生追星、手机依赖、游戏依赖等内容的关注,提高学生抵御诱惑能力。

### 6.生涯教育

生涯教育主题内容在教学目标上主要表现为：引导学生在自我了解的基础上寻找自我，为填报志愿、职业选择以及生涯发展做准备。

（1）基于生涯教育主题内容设计的横向分析

生涯教育主题内容主要包括生涯准备、升学择业以及生涯规划三部分内容。高中阶段面对分科选科、高考填报志愿以及未来职业发展方向等各方要求，生涯教育起着至关重要的作用。

首先，生涯准备方面主要培养生涯意识。如"生涯与择业""生涯起步走"等课程内容。通过唤醒学生生涯意识，引导学生了解自我职业兴趣，为生涯决策做准备，使学生意识到生涯准备对个体人生发展的重要性。

其次，升学择业方面着力于关注学生高考学科以及报考志愿等方面的内容。如"我的职业空间""我的职业我做主""影响高考选科的因素"等课程内容。致力于解决学生关于升学择业的现实困惑，引导学生做出符合自身特点的职业决策，为现实服务。

最后，生涯规划方面，关注学生职业发展与人生发展等方面的内容。如"条条大路通罗马""彩绘我的人生路""我们的未来都精彩"等课程内容。教学内容不仅关注学生面临的现实需求，即未来意向从事的职业领域，同时把学生个体的整个人生发展置于生涯的架构中，通过教学使学生能够具备灵活处理未来人生发展中不同境遇的能力，不仅为职业发展，更为人生发展。

（2）基于生涯教育主题内容设计的纵向分析

第一，生涯准备内容主要集中于高一阶段或全册的初始部分，由于高一阶段的学生心智发展尚未成熟，尚不具备全面的生涯规划能力，但受分科选科以及未来即将面对的高考现实压力，他们渴望获得相应的指导。因此，在高中生活的初始阶段通过唤起学生的生涯意识，探索自身的职业兴趣以了解自我，有利于学生为后续的现实需求做准备，使学生自己做主生涯决策，而非受外界压力被迫选择。

第二，升学择业内容主要集中于高二及高三阶段或全册的中后部分。该阶段学生经历了选科，学习科目发生变化，并对自身的职业兴趣具有一定了解，迫切想要探索未来的升学择业问题。因此，这一阶段学生能够基于对自身的认知学习相应的职业资讯，基于学生对未来发展的渴望了解职业并探索为之而努力的职业领域，并做好职业规划。

第三，生涯规划内容主要集中于高三阶段或全册的最后部分。生涯教育的本质是对学生人生观、世界观、价值观的引导，其最终目的是实现学生的人生发展，是高度的精神指引。该阶段学生无论是生理还是心理都逐渐趋于成人状态，在对其高考填报专业进行指导的同时，也要关注学生整个人生发展的提升。该阶段的学生由于其身心发展水平的快速成长，已具备思考关于人生价值有关问题的能力，同时也有想要探寻人生发展的真谛的想法。因此，在该阶段帮助学生树立人生指引，能够充分调动其对待人生的积极态度，提高精神境界。

**3.对生涯教育主题内容设计的评价**

生涯规划内容设计较少。如前所述，生涯教育不仅是选科指导、志愿填报指导，更是对学生整个人生发展的指导。但是，当前大多版本教材更关注学生的现实需求，未将学生长远的人生发展的指导纳入其中，忽视了对高中生群体整个人生发展的关注。教育是未来的教育，不能只看到眼前的利益，更应该将学生的整个人生置于生涯教育的框架中，以培养适应未来社会发展的人才。如辽宁师范大学出版社《高中生心理健康教育》以及江苏凤凰科学基础出版社《心理健康教育》设计了"条条大路通罗马"内容，致力于确立"积极不确定"的生涯发展观，引导学生意识到生涯的不确定性以及灵活处理生涯发展的"变数"。因此，生涯规划内容对学生人生发展的引领格外重要。

**7.自我认知**

自我认知主题内容在教学目标上主要表现为：引导学生正确看待自我，通过对自我的了解学会悦纳自我并超越自我。

（1）基于自我认知主题内容设计的横向分析

自我认知主题内容不仅关注学生对自我了解的生成，同时为个体做好生涯准备具有重要的作用。自我认知主题主要呈现三个方面：认识自我、悦纳自我以及超越自我。

首先，认识自我表现为对自我特性的了解。如"性格解密""为认识自己喝彩""新学校新的我"等课程内容。通过对个体性格、特长、价值观等各方面个性品质等方面的探索,使学生自觉地了解自我。通过引导学生对自我个性特点、爱好喜好等方面的解密,能够有效化解学生在生涯选择中的迷茫,为学生基于自我构建职业选择奠定坚实的基础。

其次,悦纳自我主要表现为在基于了解自我基础之上构建积极的自我观念。如"自信特质大搜索""体验我的人生""我爱我自己"等课程内容。自负、自卑等问题是由自我认知偏差造成的,因此该部分内容关注在个体获得对自我了解的基础上,调整对自我的认知偏差,从而建构积极的自我,符合积极心理学的本质理念。帮助学生形成自信、自爱等积极人格品质,为提升耐挫力提供基础。

最后,超越自我关注积极开发学生潜能,如"让潜能喷涌""超越自我"等课程内容。学生是发展中的个体,因此处在学习阶段中的学生具有较大的发展潜能。通过引导学生挖掘自身潜能、充分开发自我特质有利于个体建立自信心、培养创造力,使学生意识到自身是有巨大潜能的个体并为之而行动。

(2)基于自我认知主题内容设计的纵向分析

第一,认识自我内容主要集中于高一年级或全册的初始阶段。初入高中生活的学生大多将注意力集中于学业成绩上,较少关注对自我的理解。殊不知关注自我以提升对自我的了解有利于发挥个体发展的最大价值。因此,通过引导学生树立自我意识,了解自身特点,符合学生个体成长的规律,符合自我认知主题知识体系的基本逻辑。

第二,悦纳自我内容主要集中于高二至高三年级或全册的中后部分。悦纳自我内容主要针对学生自信能力的培育,其要求个体在充分了解自我特点的基础上展开,通过教学的不断深入使个体意识到每个个体都有各自优点,在接受已有事实的基础上引导学生接受自我、悦纳自我。高二、高三学生随着个体的不断发展,在与他人交往、学业的竞争中难免产生怀疑自我的心态,常有学生表示"我是不是没有天赋"等类似话语。因此,引导学生接受自我、悦纳自我是该阶段学生的一节"必修课"。

第三,超越自我内容主要集中于高三年级或全册的最后部分。如上所述,自我认知主题内容的设置呈现较强的知识体系的顺序性特点,因此超越自我内容同样需要在建构已有的认识自我、悦纳自我的基础上展开。结合高三学生的具体情况,该阶段学生在学业上可能处于学业发展的停滞期,产生学业倦怠等情绪,亟须突破自我。而通过高一、高二阶段搭建的对自我了解与信任的认知体系，在该阶段设置超越自我的相关内容有利于帮助学生解决学业困惑，从精神层面获得突破自我的信念。

（3）对自我认知主题内容设计的评价

一方面，关注超越自我内容对自我认知主题的建设性作用。从对各类别内容设置的数量上看，超越自我内容受到的关注较少，部分教材甚至完全未涉及。教育观的转型警醒着教育者个体终身的能力发展，而超越自我的内容能够引导学生不断探索个体发展的上限，对培养学生抗逆力、创造力等积极的心理品质具有巨大作用。因此，各版本教材要充分认知对学生超越自我能力的关注，增设相关内容以充分发挥学生的最大潜能，造就国家所需要的人。

另一方面，关注在自我认知的基础上对其他主题内容的支撑，构建与其他主题内容的联结。如学生对新生活的不适问题，可引导学生利用自我认知的相关方法，立足对自我的剖析与新生活的特点解决学生的生活适应问题；或基于学生的自我认知实现对升学选择、职业选择的引导。因此，教材内容的设计不能独立存在，自我认知主题内容应积极与学会学习、生涯教育等主题内容产生实然联结，向其他主题延伸，充分发挥主题内容的多元功能。

8.生命教育

生命教育主题内容在教学目标上主要表现为：引导学生尊重生命、珍爱生命，学会根据相应的指导方法进行自我保护并具备寻求帮助的意向。

（1）基于生命教育主题内容设计的横向分析

生命教育主题内容各版本教材所涉及的内容相对较少，主要内容涉及尊重生命、珍视生命两方面内容。生命教育经常作为保障学生身心健康的一道防线，在防治学生身心安全中起到重要作用。

第一，在尊重生命内容中，主要表现为唤醒学生对身心健康的关注，树立健康观。如"唤醒生命的能量""尊重每一个生命"等课程内容。通过引导学生树立生命意识，唤醒学生对生命的了解并树立身心健康观念，使个体具备保护维持自我身心健康的意向，同时唤醒关注他人的身心健康的意识，从观念的根源上树立生命健康的理念。

第二，在珍视生命内容中，主要表现为引导学生对身心健康的保护。如"学会自我保护""享受心理服务""心理健康有标准"等课程内容，该部分内容不仅指向学生的身体健康，同时也关注学生对心理健康的维护，通过教授科学的身心养护的常识与方法，培育学生积极的求助观念。

（2）基于生命教育主题内容设计的纵向分析

生命教育主题涉及的内容不多，各类别内容对学生年级的要求未呈现一定的规律，但从知识体系的建构来看，各版本教材均将尊重生命内容作为珍视生命内容的基础。

当前高中生因消极情绪导致自杀率急剧攀升，学校层面不仅要对学生进行心理干预，同时也要通过课程体系及时预防学生自杀的倾向。生命教育主题内容的设置便是预防学生产生自杀危机的一道有效防线。通过引导学生树立生命观，尊重自我与他人的生命，并掌握维护身心健康的基本方式。对于未能解决的身心危机及时求助能够有效预防学生危机行为的发生。通过树立生命观念进而掌握具体方法有利于主题教学的实效性，符合育人规律。

（3）对生命教育主题内容设计的评价

相对于其他主题而言，关于生命教育主题内容设置相对较少，部分版本教材甚至未设置相关内容。因此，当前心理健康教育教材应关注对学生生命意识的培育，将生命教育纳入教材中以降低学生可能产生的危机行为。

应增加生命教育主题内容设计的深度与广度。

从深度来看，应关注主题内容设计的丰富性，意识到生命教育不仅是学生身体的养护，同时也是对心理的维护，如湖北科学技术出版社《心理健康教育》在主题中对心理健康的维持机理进行了有效的呈现，有利于学生拓展对心理健康常识的认知，在此基础上能够为自身的消极心理进行积极解释，帮助个体自救或使其能自主地寻求帮助，符合《纲要》中对学生心理健康的总要求。

从广度来看，关注生命教育内容的数量。尽管以数量为标准不能完全代表教材质量的高低，但部分教材并未呈现与生命教育相关的内容设置，这表明当前该主题内容尚未得到应有的关注，因此添设一定数量的生命教育主题内容应成为维护学生身心健康的题中应有之义。

## 三、对现行高中心理健康教育教材的思考

（一）对现行高中心理健康教育教材的文本分析思考

**1.现行高中心理健康教育教材的编制优势**

（1）切实贯彻《纲要》规定的基本要求

在心理健康教育事业改革与推广的几十年中，我国心理健康教育工作取得了令人惊叹的成绩，心理健康课程也成为一门独立课程。当前部分学校基于心理辅导、生涯辅导等实现与高中学生发展指导的有效融合，成立了学生发展指导中心，以满足学生成长的需要。诚然，心理健康教育的迅速发展离不开国家及地方相关政策的支持，心理健康教育教材建设由最初的零星分散到现在的综合化、系统化，由原先的教材质量问题层出不穷到现在的严格审定与设置具体的编写依据，离不开以《纲要》为核心以及地方文件配合的一系列心理健康教育文件的落地与支持。基于此，当前心理健康教育教材无论是在教材的质量抑或是教材内容组织上都源于《纲要》所规定的具体要求，并针对具体学段提出了具体的内容要求。因此，在编写理念上，以《纲要》作为编制教材的范本，并且无论是在教材的主题结构上，还是主题内容的设定上，尽管不同出版社出版的教材内容不尽相同，但其主题方向的设定均呈现一致性特点。基于《纲要》编制的教材不仅利于提高心理健康教育教材的建设质量，也为编审专家提供了评价的依据，是构建高质量心理健康教育教材的编写指南。

（2）深度挖掘学生积极的心理品质

心理健康教育教材的编制离不开积极心理学的贡献。积极心理学致力于探索人类美好的心理品性，承担艰巨的使命，主要包括"评估与治疗心理疾病、唤醒和帮助心理幸福、发现和培养卓越才能"三重任务，强调培育个体积极向上的心理品质，摆脱以往片面关注个体的消极心态的研究范式，因此当前心理健康教育教材的建设离不开积极心理学在教育领域的探索。当前学生自杀率急剧攀升，当发现问题再进行治疗只能称之为一种补救措施，消耗的不仅是时间成本、金钱成本，更是对学生身心健康的损害。同时，常规的心理咨询与治疗并非适合群体生活的学校场域，学校若要从根源维护学生的身心状态，只有通过心理健康课程及时预防与干预学生的

心理焦虑才能称之为符合学校场域的有效"处方",而课程的实施离不开高质量教材的支持,以积极心理学为主要理论基础的心理健康教育教材为学校心理健康教师提供了教学范本。因此,通过上述对于教材编写理念的总结,当前心理健康教育教材的编制以学生的发展需求为依据,充分尊重学生的主体地位,致力于培育学生积极的心理品质,挖掘学生的发展潜力,教材内容设置预防与矫正并行,将心理教育与道德教育实现有效融合,切实符合学校开展心理健康教育工作的需求,为建设优良心理健康氛围奠定坚实的基础。

(3) 关注学生自主探究的内容设计

心理健康教育教材的独特之处在于教材内容的体验性与教学过程的创新性。从整体来看,当前教材中大多内容采用同学关注的生活事例进行课堂导入,甚至在活动设计中基于导入的案例进行教学分析,充分了解学生的生活困惑,基于学生的生活情境能够有效地激发学生开展活动的好奇心,为后续的教学内容提供支持。当然,不仅在课堂导入方面,教材中有些活动设计采用的教学方式也很多样,包括自主学习、案例分析、角色扮演、小组讨论等多种形式,这些教学方式有利于课堂教学的开展,可以使学生在自主探究的过程中解决问题、探究问题。学生通过探究、讨论,商定出各种可能的方案,在探究中发现自我、超越自我,寻找问题的真正答案。值得一提的是,这种多样的活动设计,决定了教学过程是开放的,教学结果是创生的,教学过程充满着复杂性。因此,需要教师在关键环节给予明确的话语指示。

2.现行高中心理健康教育教材的编制不足

(1) 栏目设计的"形式化"

从某种意义上来说,心理健康教育教材的新颖性、生动性是教材建设的一大特色,但若是过于追求栏目设置或是教材内容的形式就丢失了教材编制的初心。从栏目设置的整体布局来看,部分教材栏目设置繁多,注重栏目设置的多样化,但深入探究其栏目设置理念略显单薄,导致栏目设置与内容设计脱节。部分教材仅流于栏目设置的形式,栏目设置过多,不仅使学生在学习中无从探索,更使教师在教学中"晕头转向",难以理解栏目设置背后所体现的真正教育价值,从而导致整个教育过程支离破碎,肢解了教学的完整性。

(2)活动设计的"简单化"

心理健康课程的独特之处在于由一系列活动组成一节完整课堂,因此良好的活动设计对于心理健康教育教材来说至关重要。通过上述对于活动内容的分析,当前心理健康教育教材在活动设计理念上以自主探究为核心,关注学生自主性与探究性活动,其中不乏优良的活动设计呈现。但也有部分章节在活动设置上呈现出"简单化"倾向,主要表现在活动数量少,内容流于形式,活动方式过于单一等,整体的活动设计理念不足,无法满足课堂中学生真正的多样化的需求。同时,部分活动内容的设计并未充分考虑学生的认知规律,内容的超前导致学生无法理解主题教学的本质内涵,造成教学进行缓慢,教学效果大打折扣。因此,结合学生的认知发展的顺序性特点开发与挖掘优良的活动设计,创新不同的活动演绎形式是未来心理健康教育教材需要关注的重要内容。

(3)插图设计的"随意化"

随着社会经济的不断发展,当代社会已迈入"图像时代"。图像时代以其自身的特点消除了教师与学生间的代际差异。因此,这种无边界性的知识视野对教材图像的设置有更高的要求。通过对插图的设置分析,我们发现大部分插图设置以漫画形式呈现,精确地说可以称之为辅助案例内容的配图,这种插图设置未能引发学生的学习兴趣,未能直击学生的心理困惑。图像起到"快速入门"的作用,因此在对教材设置插图时应经过谨慎的思考,而如何能够发挥插图的"第一眼功能"是教材建设中亟须解决的问题。

## (二)现行高中心理健康教育教材设计思考

### 1.注重教材编写理念的发展性

片面关注学生的消极心理已不再适合当前学校心理健康教育的工作模式,因此学校心理健康教育工作不仅要求教师开展个体咨询辅导以及时干预学生消极心理,同时也要预防学生心理危机的发生。因此,心理健康教育教材的编制要着眼于发展性的编写理念,摆脱传统的以问题导向为核心的编写理念,为提高心理健康教育工作的实效提供依据。为此,心理健康教育教材的编制必然要依据当前学校心理健康教育的工作模式,坚持预防与干预相结合的原则,结合不同学段学生的生活特点,预防学生在生活中可能产生的种种困惑。内容的设计要能够充分发挥学生的身心潜能，实现以发展的眼光看待学生，使学生能够通过教材获取积极向上的发展动力。

2.注重教材内容设计的生活性

从纵向上看，心理健康教育教材涵盖小学、初中、高中三个不同学段，每一学段对学生的心理要求不尽相同，但其均承载着学生心理成长的教育目标。这便要求教材的编写要尊重学生的主体地位，关注学生身心发展的顺序性、阶段性特点，了解学生的生活困惑。编写者应通过前期调研了解学生生活的真实境遇，再进行主题内容的编写。在内容设计上，包括案例、活动的设置应基于学生的生活，使学生在具有生活化的具体案例情境之中感悟自我、了解自我，深刻引发学生共鸣。从这一角度上看，心理健康教育教材并非追求学生对心理科学知识的掌握，而是心理科学与学生生活有效融合。

3.注重教材活动设计的探究性

与其他学科不同，心理健康教育教材并非关注学生对知识理解的程度、知识体系的掌握，关注的是学生在一系列的探究活动中对问题的探索,对教学目标的生成。因此，活动的设计在心理健康教学中尤为重要，教材活动内容的设置在于对学生的某一心理问题进行以探究的形式，以自主活动、角色扮演、小组讨论等多种方式循序渐进、深入浅出地进行。因此，对活动设计的编排上需要关注学生已有的认知发展水平，严格体悟每个活动意图达成的子目标，以探究性的活动设计编写理念为核心，构建活动方式多样化、活动内容逻辑化、活动效果高效化的活动内容设计。从探究性活动设计入手，利于构建高质量的心理健康教育教材，利于学生深入探索、积极思考、身临其境并感悟与反省自我。

4.注重教材插图设计的科学性

心理健康教育教材的插图设置应坚守内容的科学性与思想性原则。科学性即插图的设置内容是否符合当下高中生的身心发展特点，是否与教材的内容具有适切性；思想性即"插图务必传递正确的观念，教会学生分辨是非。"高中阶段作为个体身心发展的关键期，其心智与年龄逐渐趋于成人特点，相对而言，简单的漫画式的插图形象不能满足学生已有的心智发展水平。因此，在插图的设置上，要考虑到插图与文本内容之间的关系，在图文间寻找最适切的创作连接点，以平衡图文之间的最佳状态。同时，插图的设置应能够最大程度上实现学生情感的唤醒，使插图真正有效地为文本服务，以投射学生生活中的真实自我，为学生开展思考留有空间。

# 第三章 高中心理健康教育的其他途径和方法

## 第一节 高中心理健康教育校园专题活动

### 一、校园专题活动的意义

校园专题活动是高中心理健康教育的重要组成部分。通过这些活动,学校可以创造一个有趣、互动的学习环境,让学生们在轻松愉快的氛围中学习和成长。此外,校园专题活动还可以促进学生之间的交流和合作,培养他们的社交技能和团队精神。通过参与这些活动,学生们不仅可以获得知识和技能,还可以增强自信心和自尊心,发展积极向上的心态和价值观。

### 二、校园专题活动的开展内容

#### (一)定期开展心理健康讲座和培训课程

学校可以定期邀请专业的心理健康教育专家来进行心理健康讲座和培训课程。这些讲座和课程可以涵盖心理健康知识、情绪管理、压力管理等方面的内容。通过这些活动,学生们可以学到实用的心理健康知识,并掌握一些应对压力和情绪的技巧。同时,学校还可以组织学生参与讲座和培训的评选和交流活动,激发他们对心理健康教育的兴趣和参与度。

## (二）组织心理健康主题活动和工作坊

除了讲座和培训课程，学校还可以组织各种形式的心理健康主题活动和工作坊。例如，可以举办心理健康展览，展示学生们的艺术作品、心得体会等；可以开展心理咨询服务，提供学生们面对面的心理支持和指导；还可以组织心理测评活动，帮助学生了解自己的个性特点和优势，从而更好地规划未来发展。这些活动和工作坊能够提供一个互动和参与的平台，激发学生们的兴趣，并加强他们的心理健康意识。

## （三）设立心理健康支持机构和热线

为了更好地满足高中生的心理健康需求，学校可以设立心理健康支持机构和热线。这些机构可以由专业的心理咨询师组成，他们可以与学生进行面对面的谈话，了解他们的困扰，并提供适当的建议和帮助。同时，学校还可以设置心理健康热线，方便学生随时咨询和寻求帮助。这些支持机构和热线不仅可以提供及时的心理支持，还可以为学生们提供一种安全、舒适的沟通渠道，让他们感受到学校对心理健康的关注和关怀。

# 三、校园专题活动的实施策略

## （一）制定具体的活动计划

在开展校园专题活动之前，学校应制定具体的活动计划。计划应包括活动的主题、内容、目标和时间安排等。通过明确的计划，可以确保活动有序进行，并达到预期的效果。

## （二）考虑学生的需求和兴趣

在确定活动主题和内容时，学校应考虑学生的需求和兴趣。可以通过调查问卷、座谈会等方式了解学生的心理健康问题和关注点，然后根据调研结果设计相应的活动内容，以更好地吸引和激发学生的参与度。

## （三）多元化的活动形式

为了增加活动的趣味性和参与度，学校应采用多种形式的活动。除了传统的讲座和培训课程，还可以组织游戏、角色扮演、小组讨论等活动，让学生们能够亲身参与和体验，提高他们的学习兴趣和动力。

## （四）充分利用资源和合作伙伴

学校可以充分利用内外部资源和合作伙伴来支持校园专题活动的实施。可以邀请心理健康专家、社区组织、志愿者等参与活动，为学生们提供更多的指导和支持。此外，学校还可以与其他学校或机构进行合作，共同举办联合活动，拓展活动的影响力和资源。

高中心理健康教育校园专题活动是非常重要且必要的。通过这些活动，学校可以帮助学生们提升心理健康水平，并提供必要的支持和资源。同时，校园专题活动也能够创造一个积极健康的学习环境，促进学生之间的交流和合作，培养他们的社交技能和团队精神。为了确保这些活动的有效性和可持续性，学校需要积极采取措施来推动心理健康教育的发展，并与家长和社区形成良好的合作关系。只有这样，才能共同为学生们创造一个健康、快乐的学习环境，培养他们健康成长的能力和素质。因此，学校应该重视高中心理健康教育校园专题活动的实施，为学生们提供全面且持久的心理健康支持。

# 第二节　个别心理辅导

随着社会的发展和教育的进步，高中生的心理健康问题日益突出，对他们进行个别心理辅导已成为重要且必要的举措。个别心理辅导能够关注每位学生的独特需求，帮助他们认识自己、解决困惑，促进心理健康的全面发展。

## 一、个别心理辅导的意义

个别心理辅导具有以下意义:

### (一)关注个体差异

个别心理辅导能够针对每位高中生的个体差异,了解他们的特点、需求和困扰。通过个性化的辅导方案,可以更有针对性地帮助他们克服心理问题,提升心理素质,获得更好的学业和生活成就。

### (二)促进自我认知与情绪管理

个别心理辅导可以帮助高中生更好地认识自己的情绪和行为模式,了解其产生的原因及影响。同时,辅导教师可以教授一些有效的情绪管理技巧,如放松训练、积极思维等,让高中生学会应对挫折和压力的方法。

### (三)建立良好的人际关系

个别心理辅导可以帮助高中生解决人际关系问题,如与同学、老师和家庭成员之间的沟通与合作。通过针对性的辅导,他们可以学会有效地表达自己的需求和情感,建立良好的人际关系,促进身心健康的发展。

## 二、个别心理辅导的内容与方法

### (一)建立信任与保密机制

个别心理辅导需要与高中生建立起互信的关系。辅导教师要提供一个安全和保密的环境,让学生敢于真实地表达自己的感受和困惑,以便更好地理解和帮助他们。

### （二）情绪管理与应对技巧的教授

通过个别辅导，可以教授高中生一些情绪管理和应对技巧。例如，教授放松训练方法，引导学生放松身心，减轻压力；教授积极思维方式，帮助他们转变消极的思维模式，培养乐观积极的心态。

### （三）人际沟通与冲突解决技巧的培养

个别辅导可以帮助高中生提升人际沟通和冲突解决的能力。通过角色扮演、情景模拟等方法，辅导教师可以教授他们如何有效地表达自己的需求、倾听他人的意见，并学会处理人际关系中的冲突与困扰。

个别心理辅导对于高中生的心理健康发展具有重要意义。通过建立信任与保密机制，教授情绪管理技巧，以及培养良好的人际沟通和冲突解决能力，个别辅导可以帮助高中生更好地应对学业压力、人际关系问题等困扰。因此，在高中生心理健康教育中，开展个别心理辅导是至关重要的一环。

## 第三节 心理社团活动

心理社团就是将对心理学有相同兴趣的学生按照自愿原则组织起来，一同有组织、有目的地开展各种心理健康活动的学生性组织。它是学校开展自我教育、管理的重要方式，同时它作为现代校园社团文化的重要组成部分，在落实心理健康教育，培养学生积极健康的心理素质方面发挥着不可替代的作用。

## 一、在高中心理健康教育中开展心理社团活动的意义

心理社团通过自主和互动的形式开展丰富多彩的心理健康教育活动，进而达到全面提升学生心理自我保健能力的目的。它具有特定的组织活动内容，在发展学生特长、培养学生团队精神和提高学生心理素质等方面都发挥着积极的作用。

首先，心理社团能充分发挥学生的自主性。心理社团的活动从筹划到开展，大多由学生自行组织，充分体现了学生的自主性，极大的自主性让学生在活动中锻炼自己。心理社团宽松、活泼、平等的氛围，能让学生在讨论、交流、体验中增长见识，学以致用。

其次，心理社团的活动易引起共鸣，能在学生中发挥潜移默化的影响。心理社团的建立有较强的群众基础，成员都是由年龄相仿、观念相似的学生组成，更易有共同语言，因此社团成员策划的活动与宣传更易引起学生群体的情感共鸣，达到潜移默化的育人效果。

最后，心理社团能培养学生积极健康的审美情趣。心理社团树立为学生服务的宗旨，通过开展一些贴近生活、贴近学习、贴近学生的活动，使学生的不良情绪得到合理的宣泄，让成员学会放松减压，并从中体验到集体活动的乐趣。

## 二、在高中心理健康教育中开展心理社团的运行模式

心理社团和其他学校社团都是学生自己的群众性组织，是学校联系学生的桥梁和纽带。但心理社团的活动理念、内容和目的与其他社团有所不同。

### （一）对心理社团进行准确定位

一般来说，心理社团直属于心理健康教育中心，接受心理健康教育中心的业务指导，参照学生会的组织管理，设立职能部门，成为一个完整的系统。同时，心理社团作为学校社团接受学校社团管理委员会的领导。

## （二）对心理社团进行整体规划

心理社团的建立应有整体的发展规划和长期的发展目标。长期发展目标的制定是根据心理社团的实际情况和学校心理健康教育的总体目标制定。为心理社团制定科学的章程和管理制度是社团内部管理和开展工作、提高工作实效的根本保障。心理社团的管理制度包括社团各部门的组成和职权分工、权利和义务、会员的选择条件、奖惩制度等。

## （三）心理社团要精心选拔成员

在每学年初在全校进行招募宣传，吸纳新成员。心理老师对报名的新成员进行面试，在面试过程中设计公平的竞争环节和严格的关卡，选拔出一批对心理学有浓厚兴趣并具备相关素质的学生成为社团骨干和会员，根据各部门的需求选拔合适的学生担任相应的职位，并发放聘任书，提高学生的岗位责任意识。

## （四）心理社团要引入考评机制

指导教师应善于鼓励学生，在学期末举行评优活动，部门主要干事在学期末进行述职报告，通过民主投票评出学期先进个人和积极分子。通过考评激励学生肯定成绩，找出差距，积累经验，更努力工作。

# 三、在高中心理健康教育中开展心理社团活动的策略

## （一）强化社团成员技能培训

心理社团应以培育心理健康教育骨干和朋辈辅导者为目标。加强成员对心理学知识的学习，帮助他们掌握高中生的心理特点，了解高中生常见的心理问题的表现和对策；学习心理咨询的基本原则和方法，训练成员的咨询技巧；掌握班级团体心理辅导的基本技能；进行人际、心理健康、情绪等心理测验的测验培训等，并对社团各部门的骨干成员定期举行工作例会，进行工作交流。

## （二）加强专业指导

心理社团的活动更注重理论与实践相结合。学生热情度高，但缺乏相应的组织能力和专业知识，因此需要专业教师的悉心指导。除了专职心理教师，可鼓励校内其他专业教师担当指导教师，通过指导教师队伍的建设，加强对学生心理社团的专业指导，提高心理社团活动水平。社团活动设计要切合学校实际，适应高中生心理发展特点，满足学生需求。要注重活动形式、内容的创新，以打造高品质、高起点的品牌特色活动为目标。

## （三）重视心理社团活动的实效性

心理社团活动的主题、内容应进行严格筛选，每一次活动都要有明确的目的，重视活动对学生的实际效果。注重收集学生活动感悟，做好活动后的反馈与分享。对社团骨干及会员进行跟踪调查，了解活动后其心理素质的变化情况。例如，在团辅后及时了解社团成员在自我意识、自信心方面的变化。另外，应尽量多开展场地设备方便、经费投入较小的社团体辅导活动，切忌活动大而空，流于形式。不能只图一时的轰动效应，应注重活动的持久性。大型的社团活动不局限在会员间，可扩大社团活动的人员范围。

## （四）坚持以学生为主体

学校应支持心理社团广泛参与学校心理健康教育活动。教师要学会放手，让学生自主活动。从活动内容的设计、活动方案的策划及场地的安排，都应充分发挥学生的聪明才智，坚持以学生为主体开展活动。在保证社团活动的合法性、规范性和安全性的前提下，放手让社团的主要干事大胆开展活动，同时也应鼓励心理社团成员群策群力开展活动。在开展活动时充分发扬民主，最大限度地发挥社团成员的主动性和积极性，让社团成员都能体会到参与的乐趣，分享努力的成果。

综上所述，有效开展社团活动对学生的身心健康发展具有重要的意义。学校应重视心理社团的建设，使心理社团能在发展过程中不断地完善自己、丰富经验，增强自身的专业素养，有效地为学生服务。

## 第四节　学科教学渗透心理健康教育

### 一、教师要做好自我心理保健

美国心理学家鲍德威（Boadway）经过长期的调查研究后指出："情绪不稳定的教师很容易扰乱学生的情绪，而情绪稳定的教师会使学生的情绪趋于稳定。"情绪管理能力作为心理健康的一项指标，对学生的影响很大。

除此之外，还有良好的自我意识、较强的人际交往能力、积极健康的人生观、价值观、健全的人格、较强的抗挫折能力等指标。教师心理健康，会对学生的心理健康起到很好的促进作用：会使学生以他为榜样；会赢得他们的青睐，促进师生关系良性发展；引导其以积极的情绪投入学习生活。教师要从以下几个方面保证自我心理健康。

#### （一）以较强的自我心理调节能力来保持愉悦的心境

教师也有常人的喜怒哀乐，也有人生的起起落落，也会出现负面情绪。允许自己是一个平凡人是调节心理状态的前提，允许自己内心挣扎，允许自己生活不顺，允许自己能力平凡，这些对自我的接纳和包容，是保证一个人心理健康的前提。因此，作为教师，虽然外界的要求和期待很高，但要以一颗平常心来看待自己。允许自己是一个平凡人并不是对自己的纵容，而是在认清自己的基础上，更加清晰地设定努力目标，脚踏实地地去完成各项任务，学到更多经验。

每个人都会经历不同的事情，都会遇到不同的挑战，面对同一个挑战，不同的人会有不同的想法，会有不同的感受和情绪，会产生不同的应对行为。因此，出现问题不是问题，如何面对问题才是问题。要培养感受人生积极面的能力和习惯，看到凡事背后都有意义，任何挑战都是机会。尤其面对学生时，保持愉悦的心情非常必要，也非常有意义。

教师要想保持健康的状态，就要有健康的生活方式。首先，有烦恼就要向人倾诉，不要憋在心里；其次，有兴趣爱好充实自己的生活内容，工作以外要学会放松身心，锻炼身体；再次，广泛阅读，以丰富知识，陶冶情操，使自己站在更高的层次去看待生活和人生，拓宽视野，开阔心胸。

### （二）要做学生的人格榜样

学生的心理成熟程度会影响学习和生活的方方面面。对成长中的他们而言，教师的示范作用至关重要。很多学生在谈到自己一生的重要他人时，会想到教师，多数是正面的，也有个别是负面的。每位教师对学生的心理成长应起到积极的示范作用，在人格上为学生做榜样。教师是学生的引路人，学生的人格发展具有很强的可塑性，教师的健全人格会让学生受益终身。

### （三）要有高尚的职业情感

当前，教师普遍存在职业倦怠现象，其中自身缺乏对教育事业的热情是很重要的一个因素。教师对每节课都要充满期待，无论这个班的学生怎样，他们以前造成了怎样的麻烦，自己都要明白，他们是学生，是待发展的，不是一成不变的。如果教师站在对学生要求的角度来看待他们的行为，可能会深感失望；若从人性的角度看其特点，那些原本让教师失望的学生也许会变得十分可爱。还有一点不能忽视，每个学生都带着过去经历的烙印来到现在的课堂，很多时候他们自己也无可奈何，教师要了解他们内心的无力及向上的愿望，对每节课充满激情，这样就能让学生感受到教师强大的精神力量，他们就能自然而然地产生对学习和生活的兴趣。

## 二、注重打造积极的课堂教学心理氛围

学生对课堂内容普遍缺乏主动性，随着年龄的增长，学段的升高，惰性会越来越强，如果没有一个生动的、吸引人的课堂氛围，很难使他们投入学习。如何打造积极的课堂教学心理氛围，既是学科教学渗透心理健康教育应重点考虑的，也是提

高教学效果要关注的。

### （一）营造接纳、温暖、安全、和谐的课堂教学心理氛围

有的学生学习基础较差，没有良好的学习习惯，课堂纪律不好，教师如果一味去抱怨，不但不能解决问题，还可能会引发师生间的冲突。教师要学会接纳学生的现状，竭力营造良好的氛围，最大限度地使学生有所收获。

了解学生的知识基础和习惯基础，以便根据最近发展区理论，适当设计课堂内容的难度，符合学生实际水平，让他们感觉"跳一跳，够得着"。学生的学习习惯应逐步达到教师的期待，开始时不要定太高的目标，即使他们很想实现，但因现实水平有限，未达成目标时会有挫败感，久而久之，就会产生放弃的心理。教师要了解学生，理解学生，良好的课堂教学氛围能让他们感受到温暖，感受到教师对他们的支持与关爱，在心灵上感受到与教师的平等，感受到教师博大的胸怀，没有指责与挑剔，没有冲突与紧张，都是和谐与美好。这样的课堂氛围需要每一位教师去着力打造，也是每个学生的期待，对他们的学习和成长非常有利。

### （二）充分运用肢体语言进行教学

肢体语言不是表演，而是内在语言的行为表达。

首先，教师要充分运用肢体语言表达对学生的尊重。当学生表达观点或回答问题时，教师要全身心去倾听，用目光去关注，有必要的话，走到发言学生的面前，身体前倾，面带微笑，表现出极大的好奇。这样的细节足以让学生感到温暖和被尊重，他们便没有理由对课堂反感，没有理由不喜欢这样的课堂和教师。

其次，学生回答问题时，尽量以邀请的姿势，而不是用食指直直地指向某个学生，且用命令式的口吻说："你！"这样会让他们有一种被迫感，会产生逆反心理，即便知道怎么回答也不愿意回应。当我们用邀请的姿态时，他们感受到了尊重，心里是安全的。教师也要做好接纳学生回答错误的准备，要意识到错误答案本身的价值，并把这样的观点反馈给学生，让他们知道，教师不是只希望得到正确的答案。这样，他们便不会害怕出错，更愿意将自己真实的想法表达出来。这既给了学生安全的心理暗示，又充分了解他们对知识的掌握水平，还能激发其探索知识的动机。

最后，当教师发现有同学在搞小动作或出现其他违反纪律的行为时，开始不必横加指责，而是用眼神示意，如果不行则可慢慢踱步到该同学旁边，再不行就敲敲桌子……不要小题大做，否则学生会不服气，甚至故意作对。在全力关注课堂心理氛围的情况下，教师自然会注意到自己肢体语言对学生的影响，也会很好地运用肢体语言提高学生对课堂的投入，促进其对教学内容的理解，增强课堂教学效果。

### （三）因材施教，关注个体，注重维护每个学生的心理健康

现在的学生个性较为明显，对学校的严格管理存在不同程度的逆反心理。因此，教师要深入了解每个学生的特点，包括他们的学习基础、个性特征，以及家庭背景等。一方面，在了解每个学生特点的基础上，适用有针对性的方式方法提高其投入课堂的可能性；另一方面，在了解每个学生的基础上了解整个班级的情况，更好地设计教学，以更科学合理的方式进行学科教学活动。

教学过程中，教师要关注个体的状态，调动其积极性。教师容易关注平常比较积极活跃的学生，更倾向让那些所谓的好学生回答问题，以使课堂活动更加顺利。这样的倾向使大部分学生被忽略，久而久之，课堂的全体参与性大大降低。教师更应该关注那些没跟上节奏的学生，只有这样，才是真正以学生为本，关注全体学生；才能真正了解教学过程中出现的问题，并有针对性地加以调整，促进自身教学能力和业务水平的不断提升。

### （四）努力构建良好的师生关系

人们常说："亲其师，信其道"，师生间的情感联结是学生投入课堂的根本保障。多数学生某一学科成绩突出，很大程度上是因为喜欢这个学科的教师。如果一个学生平时和教师的关系非常亲近，就倾向接收其传递的信息；相反，如果师生关系疏远，彼此间的交流仅限于知识，不仅不利于知识的学习，更不能体现育人真谛，弱化了教师本身具有的影响力。

教师要对学生有信心，即对每个学生都要有期待，对他们充满信任，相信每个人的潜在能力，相信只要找到恰当的切入点，就会激发他们的求知欲望，使其朝积极健康的方向发展。教师要对每个学生充满爱心，在学习、生活上给予他们无私的

关爱。学生的情感是丰富的,也是敏感的,教师每个关切的眼神都像阳光一样融化他们内心的冰雪,每句关怀的话语都像雨露一样滋润他们的心田。教师不要吝啬对学生的爱,用真心、全心去爱他们,自然就会构建起良好的师生关系。学生的不良习惯是长期形成的,不能指望立竿见影,教师要有足够的耐心等待他们的转变,就像牵着蜗牛去散步一样,慢慢去感化,去影响他们。

## 三、充分挖掘学科内容和形式中的心理健康教育资源

### (一) 利用好学科教学内容蕴含的资源

很多学科内容本身包含心理健康教育的资源,例如,语文课文中就包含学生如何正确认识自己,如何与他人交往等方面的内容。理科的一些背景性知识也包含心理健康教育内容,如一些科学家对知识的兴趣引领他们做出卓越成就等。这样的内容能够很好地激发学生的学习动机。

教育不能把学习知识作为终极目标,知识只是学生成长和发展的载体,最终是为了他们心智成熟,人格健全,以更加稳定的内在核心素养应对不断变化的世界。很多教师在教学过程中过于关注知识性,忽略了人文性和心理性,导致教学效果不佳。只有注重人文和心理,才会更好地把握知识,知识目标也是为了促进学生人性的提升和心理的成熟。因此,关注教材中心理方面的内容,不仅提升了知识学习的效果,也是教育本质的目标。

### (二) 运用恰当的形式渗透心理健康教育

课堂教学形式在很大程度上决定了课堂效果。教学形式的选择要根据教学内容,即什么样的内容适合什么样的形式。例如,语文课中的情境表演会给学生直观的印象,使教学内容灵活化、形象化。学生以亲身表演来体验书中人物的真实感受,更深刻地领悟教学内容,达到更好把握知识的目的;对一些争议性的内容,可进行现场辩论,激发学生参与课堂的热情,提高竞争意识及对知识的探求欲望,活跃课堂氛围,看似抛开了知识教学,实则有效促进了教学。如果教学内容是比较模糊的问

题探讨，则比较适合运用话题讨论的形式进行头脑风暴，引起同学的思考。

## 四、教学过程中促进学生心理成长

学科教学是教育活动的一部分，是通过学科载体实施对学生的教育。

### （一）课堂教学过程中设计心理训练环节

心理训练是非常受学生欢迎的一种活动形式，可设计若干能活跃课堂气氛或对学生有深刻启发的活动。例如，"一分钟拍手"。让学生在一分钟内尽可能快地拍手，看能拍多少次，这是一个课堂热身活动，也是一个自我信心提升的活动，会让课堂变得异常活跃。

### （二）教学过程中关注学生的心理成长

第一，课堂教学设计融入心理健康教育。教师备课时，要细心考虑每个环节对学生的影响，尽可能在达到知识目标的同时，促进学生积极心理品质的生成。要先了解学生的心理特点和需求，根据每节课的教学内容，将心理健康教育的形式和内容合理地渗入教学环节中。在掌握知识目标的基础上，尽可能运用有利于学生心理成长的形式来设计教学。

第二，有效利用课堂生态资源。课堂教学过程也有很多是意料之外的，要注意以不伤害学生心理成长为前提。很多课堂的"意外"也是引导学生的机会，不要排斥，要利用好这些意外，发挥其积极作用。教学中渗透心理健康教育是每位教师的责任，教学本身既以心理因素为根本，又以心理成长为目标。每位教育工作者不能只局限于课堂教学本身，要以课堂教学为阵地，以大教育观为引领，站在人性的角度，遵循学生的心理发展规律，促进其心理健康成长，完善学生的健全人格。

# 第五节　班级管理渗透心理健康教育

## 一、心理健康教育中存在的问题

### （一）教育方法单一

教师不仅要完成学习教育工作，而且要注重对班级学生的心理健康把控，要经常了解学生的思想情况。学生的发展具有个体差异性，有的学生性格活泼，有的学生性格内向，高中生正处于心理发育的重要阶段，不同的学生可能会出现不同的心理问题，这就需要教师付出百倍的耐心、时间和精力。面对一个班级学习成绩不同的学生，思想不同的学生，教育方式要因人而异。

教师要尊重不同学生的心理差异，对待不同思想的学生要采取相应的德育方式，灵活解决各种难题。要充分利用现代教育学家的经验和智慧，积极帮助学生养成良好的生活和学习习惯，让更多学生向教师敞开心扉。

### （二）教师与学生的沟通少

有些教师与学生的沟通仅限于课下的一些时间。由于学生人数多，课下时间少，教师与学生沟通的时间很少，甚至有一部分学生没有接受过教师的心理疏导。如果学生一直得不到教师的引导，难免会产生不良的情绪和心理。教师应通过一切方法和机会积极地与学生进行交流，尽最大努力与学生进行沟通交流。

## 二、进行心理健康教育的具体策略

### （一）从微小处入手，关心学生日常生活

大量的教学研究和教学实践表明，许多学生的心理健康问题是在日常生活中一

点一点累积而成的。其中，班级生活对学生心理健康的影响不可忽视。高中生的身心发展并不完善，在班级生活中，往往会有这样或那样的问题出现。比如，校园欺凌、孤立等。这些问题如果不能妥善解决，就会对学生造成极大的心理影响。教师在面对这些问题时，要及时找准问题根源，"对症下药"。在班级教育管理工作中，教师的工作有很多，不仅是完成教学工作和组织相关教育活动，也要努力培养班级的良好风气，这对构建和谐的班集体有着至关重要的作用。良好的班级风气是一个好班级精神风貌和教育工作质量的重要标志，有助于培养纪律严明、团结奋进的班集体。教师首先要努力培养良好的班级道德风气，让学生处于良好的班级道德风气中。在长期良好风气的影响下，学生的行为和心理会受到潜移默化的影响，学生也会互帮互助，在别人遇到困难时，即使能力不足也会伸出援助之手。例如，教师可以为学生制定学生日常规范，如学生要团结友爱、拾金不昧、经常帮助教师做工作等，让学生在这些日常小事中体会到班级生活的温暖，形成健康的心理状态。

## （二）关注学生心理状态，用实际行动帮助学生

由于年龄差异等因素，学生往往与教师有距离感，不敢对教师敞开心扉。教师要积极学习并掌握关爱学生的技巧，用实际行动关爱学生，这对及时掌握学生心理动态具有重要意义。教师还可以试着了解学生的兴趣爱好，并试着接触它，与学生有共同的兴趣爱好可以让学生与教师有共同语言，更方便教师与学生展开沟通。例如，在学生生病时，教师要及时带学生看医生，并仔细询问生病的原因，让学生感受到教师的关心；在学生受到委屈后，教师要及时耐心地开导安慰，让学生有可倾诉对象。学生之间有了矛盾，教师也要及时对学生进行心理疏导，教会学生要懂得宽容原谅，相互理解。教师的关心、开导能帮助学生建立良好的心理状态。

# 第四章 高中心理健康教育——家校携手、共促成长

## 第一节 家庭教育对于学生心理发展的影响

### 一、家庭教育的重要性

（一）家庭教育与家庭教育指导

1.家庭教育指导家庭教育

（1）何为家庭

第一，家庭是人生最重要的场所。

家庭是人类社会最基本的组成单位，它保证了人类的生存、繁衍和发展的需要，同时它也是人生最重要的场所。人的一生实际上生活在四个地方，分别是：子宫、家庭、学校和职场。而在这四个场所中最长久、最重要的还是家庭，因为家庭在这四个阶段一直存在，这四个阶段与家庭都有着非常密切的关系。

第二，家庭是以婚姻关系形成的社会组织。

家庭是由婚姻构成的，血缘关系是姻缘关系派生出来的。婚姻是社会为双方约定的共同担负抚育子女责任的契约。一旦婚姻结束，正常的家庭随之解体。一个没有孩子的家庭解体要相对简单，而社会对有了孩子而准备离异的夫妻，总是首先明确双方对抚育孩子具有不可推卸的责任，然后才慎重地用法律的手段确定孩子的监护人。

第三，家庭是亲子两代（也可以超过两代）以血缘关系或收养关系形成的社会组织。

父母的姻缘关系自然会带来亲子的血缘关系或者收养关系。无论在哪种关系中，孩子都是家庭中重要的成员。因此，亲子关系也是家庭关系中重要的组成部分。

第四，家庭是人，特别是未成年人精神和物质生活的寄托。

对于儿童青少年而言，家庭是他们的出生地，是一个温柔的港湾，是他们最早生活和成长的地方，更是他们的第一所学校，所以父母就是他们的第一任老师。家庭对儿童来说发挥着不可替代的教育功能。儿童正是在家庭学习各项技能才完成了他们社会化的第一步，在家庭中他们学会如何表达、如何自理、如何交往等，家庭生活阶段是他们能步入社会独立生活前的重要阶段。

（2）何为家庭教育

谈到家庭的教育功能，自然就会引出家庭教育这个概念。在现代社会，家庭教育已成为一个独立的学科，并且已经成为教育系统的重要组成部分。与家庭的概念一样，众多学者对家庭教育有不同的理解和定义。一般来说，家庭教育有狭义与广义之分。狭义的家庭教育概念是众人耳熟能详的，即父母或者其他年长者在家庭内自觉地、有层次地对子女进行的教育，这个解释也通常是我们普遍认可的解释。在日常的谈资中，我们提到家庭教育就会自觉地认为是长者对其子女的教育。但是，随着时代发展，家庭教育内涵逐渐拓展，所以目前家庭教育更多的是从狭义走向广义的概念。

深刻理解家庭教育，还必须认识家庭教育的三大特点。

第一点，家庭教育是私密教育，是基于血缘与情感的教育。

家庭是在婚姻与血缘的基础上建立起来的，没有子女也就无所谓家庭教育。我们知道子女与父母有着天然的血缘关系，因此家庭教育还有血缘的基础。当然，现今社会，出于某些原因，个别家庭会通过领养的方式有自己的子女，那么他们就存在法律上的血缘关系。血缘关系是一种天然的关系，就像动物会保护幼崽一样，父母会出于本能保护自己的孩子，爱护自己的孩子，孩子对自己的父母有着天然的依恋和爱慕，在最初几年孩子完全不能离开自己的养育者。这也是家庭教育区别于社会教育与学校教育的最大的不同。家庭教育可能从孩子还未出生就已经开始发生，并与养育同行,比如胎教。长大之后,即使参与了学校教育以及社会教育,家庭生活仍是儿童生活的重要组成部分,所以家庭教育仍然会是儿童教育的重要内容。因为血缘的维系,家庭教育会持续终生,只要血缘没有断,情感没有断,家庭教育就会一直持续。

第二点,家庭教育是生活教育,与家庭的日常生活不可分割。

家庭教育不是严肃的学校教育,它是一种存在于父母与子女之间的教育关系,它的发生不受空间、时间的限制,更没有固定的方法或者模式,因此有父母与子女存在的地方就可以发生家庭教育。家庭教育可能发生在全家一起吃饭的时候,也可能发生在全家一起在游乐场排队游玩的时候;可能发生在睡觉前,也可能发生在上学的路上,这些场景既是家庭生活的场景也是家庭教育的情境。家庭教育可以贯穿于家庭生活的各个方面。

随着时代的发展,家庭生活水平的提高,家庭生活的内容会越来越丰富,家庭教育的内容也随之丰富多样。例如,亲子阅读、亲子游戏、出国旅游等家庭生活的形式开始出现并流行。这些看似简单的家庭生活内容,其实有很深的教育隐喻。随着父母文化水平的提高,父母会单独安排有教育意义的家庭生活内容,并赋予很高的教育期望和教育目标。从这种意义上,家庭教育何尝不是"在生活中感悟教育,在教育中提升生活"?

第三点,家庭教育是自然过程,潜移默化且影响深远。

家庭教育是对孩子一生都有重要影响的教育,深入到孩子血液和骨髓里。每个孩子在走上社会时都带着自己原生家庭的影子。儿童天然会模仿自己的父母,会沿袭家庭环境对自己的影响。或许有些儿童到了青春期开始叛逆,开始反对自己的父母,开始试图挣脱家庭的束缚,开始"做自己",但是他们仍然不能去除自己身上的家庭烙印,再独立创造一个完全不同的自己。

家长的行为不仅给孩子创设了环境,更给孩子树立了学习的榜样。环境与家长行为本身就有潜在的教育意义。因此,家庭教育的发生是潜移默化的。而且这种潜移默化可能影响孩子的一生,人的性格和行为习惯一旦树立,改变就变成很困难的事。有学者提出在家庭教育概念中,涉及三个有关亲子互动的概念——影响、培养和教育。

（3）何为家庭教育指导

家庭教育是教师熟悉的概念，但家庭教育指导这个概念则对教师而言相对陌生。学者胡杰指出：家庭教育指导的含义，有广义和狭义之分，主要是以教育对象来区分。狭义的家庭教育指导是指："由社会通过大众传媒或社会机构以儿童家长为主要对象，以提高家长的教育能力和水平、改善教育行为为直接目标，以促进儿童身心健康成长为目的的一种教育过程。"狭义的家庭教育指导实际上就是我们传统意义上的"家长学校"的概念，简而言之，就是教会家长如何教育孩子。广义的家庭教育指导则是在教育的对象上给予了发展，它符合现代意义上的家庭教育理论，因为家庭教育的双向互动性，决定了家庭教育指导的对象不仅是家长或者长辈，更应该包括子女。从现实意义上来说，子女如何孝敬长辈，接受长辈的教育，在家庭生活以及其他家庭活动中需要遵循的思想和行为准则，乃至如何与家长或者其他长辈沟通等，这些都需要家庭教育方法的指导。

在基层学校的一线工作中，我们通常取家庭教育指导的狭义概念，即由家庭外的社会、机构组织的，以家长为对象，以提高家长的教育素质、改善教育行为为直接目标，以促进儿童身心健康成长为目的的一种教育过程。在家庭教育指导工作的全过程中涉及 4 类对象，即儿童、家长、作为指导者的教师和作为组织管理这项工作的分管领导；包括4个具体过程，即儿童的发展过程、家长对儿童的教育过程、指导者对家长的指导过程和组织管理者对指导者的组织管理过程；任一个具体过程都在两种环境下进行，即物质环境和精神环境。以上全部的要素都会受到外部社会大背景的制约。

在分析这个概念的时候，必须明确以下几点。

第一，家庭教育指导是家庭以外的组织实施的活动和教育过程。

家庭教育指导显然是在家庭外部，而不是在家庭内部。众所周知，学校是家庭教育指导的主阵地。但需要提醒教师的是，家庭外部开展家庭教育指导的组织，不单单是学校，可以是妇联、居委、非政府组织乃至企业等其他组织。

第二，家庭教育指导的主要对象是成人，而非儿童。

由于家庭教育指导的主要对象是作为儿童监护人的成人，指导一般在家长工作之余进行，指导是为家长的家庭教育服务的，因此我们可以把家庭教育指导看作是一种带有师范性的、业余性的成人教育。

第三，家庭教育指导有明确的目标。

有学者认为，家庭教育指导目标由直接目标和间接目标两部分组成。直接目标是通过多元化的指导措施，帮助家长建立现代的教育观念，端正自身对子女的教养态度，掌握科学的教养知识，提高自身的教育素养。间接目标是以培养青少年良好道德品质、个性品质为主导，促进青少年全面、和谐发展。指导的具体目标由改进目标与发展目标两部分组成。改进目标是从问题出发，施予必要的教育干预，以达到应有的状态；发展目标是从应有的状态出发，进行必要的教育调整和主体整合，以达到状态的理想化。

第四，家庭教育指导有多样的指导形式与方法。

站在学校立场，家庭教育指导内容一般包括：（1）向家长介绍、提供有关儿童发展、本学段的教育和家庭教育的基本规律、理论知识和实际情况；（2）介绍孩子所处年龄段在生活和学习中以及家长在家庭教育中容易出现的问题，并提出供家长参考的处理意见和建议；（3）围绕社会热点问题和学校中心的工作与家长交流。

**2. 家庭教育指导的价值意义**

（1）家庭教育指导对儿童成长的意义

虽然家庭教育指导的对象是家长，但是不管是家庭教育还是家庭教育指导，它们的终极目标均是指向儿童发展的。因此，家庭教育指导对于儿童成长来说，是帮助儿童在不同的阶段能更好地渡过难关，更健康地成长为一个全面发展的人。特别是现代社会呼唤学校努力培育出全面、独立、主动、创新的儿童。家庭教育指导担负着提高家长教育素养，帮助家长了解不同年龄段儿童的发展特点，为家长提供合适的方法去对待不同阶段的儿童，与家庭共同承担培养全面发展儿童的重要使命，与家长携手帮助儿童度过不同阶段的成长难关。

（2）家庭教育指导对家长的意义

既然家庭教育指导的直接对象就是家长，那么积极有效的家庭教育指导对家长的意义更为重大。

第一，家庭教育指导有助于提升家长的教育素养。

家长是儿童成长最初也是最直接、最主要的教育者，而家长的教育素养对儿童的发展有着至关重要的意义。一般而言，家长的教育观念、教育能力、教育方法等，都属于教育素养范畴。在育儿过程中，无论是正确的教育观念还是具体的有效行为，都不是天然赋予父母的。父母都是在"学"做家长，哪怕是面对自己的二宝孩子。因此，家长需要外界的专业的家庭教育指导以更好地提升自身的教育素养。

第二，家庭教育指导有助于家长更了解自己的孩子。

学校是联系家长和孩子的桥梁，帮助家长了解群体中孩子的发展情况，指导家长正确处理亲子关系，是学校家庭教育指导的重要价值。

一方面，从理论上来说，最了解孩子的应该是孩子的家长，但是"当局者迷"的现象有很多，有时候因为接触太密切，目标比较单一，家长反而不能从整体上了解孩子的发展。尤其对于进入初高中的孩子来说，有很多秘密不愿意对家长说，甚至会"家长面前一套，背地里一套"，让家长更加不能全面了解他们的发展。而教师则可以从更高的角度、群体的层面全面了解孩子的发展情况，从不同儿童的对比中来判断儿童发展水平的高低，为家长给出正确的教育建议。

另一方面，有些年轻的家长自身是独生子女，爱子之心人皆有之，血浓于水的亲情使很多家长溺爱、否定、过分保护、放任、干涉孩子，亲子关系不和谐。教师如果能够适时地介入开展家庭教育指导，对于改善亲子关系有极大的益处。

第三，家庭教育指导有助于家长与儿童一同成长。

现代社会，学生在校接收的信息量远远超过家长这一代当年的受教育水平，家长的教育能力远远不能满足孩子发展的需要。实践研究表明，当下家长学习家庭教育知识的程度，远不能满足对子女教育的实际需求，因而导致其教育能力不高，直接影响亲子之间的沟通，影响家庭教育的效果。正如有些家长反映，孩子前段时间还好好的，这段时间突然特别难相处。就是因为家长没有将孩子看成是不断发展的，还停留在原来对孩子的了解之上，教育方法没有跟随孩子的成长进行更新。儿童阶段是人这一生生长与发育最快的阶段，如果家长没有跟随孩子一同成长，那么教育就会滞后，发生矛盾在所难免。家庭教育指导能帮助家长不断成长，在不断学习教育知识的同时与儿童一同成长。

（3）家庭教育指导对学校的意义

第一，家庭教育指导让家校合作更深入、更高效。

在学校寻求的众多合作力量中,家长是最重要的一股力量,家庭和学校是并肩作战的合作者的角色。随着家庭教育重要性得到认可,越来越多的学校重视家校合作。开展家庭教育指导的首要任务是教育家长,从教育观念、教育能力、教育行为等方面采取多元化渠道对家长进行教育。与教育学生的不同之处在于,学校对家长的指导不仅是"传道授业",更是帮助家长解惑,提升家长的教育素质。通过学校主动的家庭教育指导与服务,家庭与学校联系更紧密,联系内容更丰富,有助于拓宽家校合作的内容,进一步加深家校合作的效果。

第二,家庭教育指导有助于提高学校的教学质量。

家庭教育指导的"家长主体"原则,增强了家长参与学校教育的主动性和积极性,为学校提供了丰富的教育资源,具备特长的家长可以作为家长教师、志愿者将自身的知识带给学生,让学生拓宽视野,让学校整体受益。多元的家长教育素质层次所发出的不同声音和需求,为学校的发展提供了丰富而宝贵的建议。学校在真诚地帮助家长提升教育素质的同时,自身的教育效能也得到了增强。家长教育素养的提高最直接的好处就是促进学生的发展,学生的发展与水平的提升也在不断提高着学校的整体办学水平。

### (二)教师与家庭教育指导的关系

厘清教师与家庭教育指导的关系是有效开展家庭教育指导的前提。帮助教师定位好自身在家庭教育指导中的角色,对于提高家庭教育指导工作的效率与水平有很大帮助。

#### 1. 家庭教育必离不开教师的指导

家长的家庭教育理念和方法基本来源于两个方面。其一,大多数家长的教育方法、教育理念来自世代相传,即他们的父母如何教育他们,他们就会沿袭父母的教育理念和方法,并用之来对待自己的孩子。其二,中国社会的信息化使得各类教育信息和资讯异常发达,相当一部分家长工作之余从教育书籍、杂志、网络上学来教育知识,使用在自己的孩子身上。一般而言,从网络上学习育儿往往存在一些问题,比如缺乏科学性、系统性,面对纷繁复杂的育儿信息家长往往无从下手,同时他们也容易被各类媒介中的错误信息、模糊信息和虚假信息所误导。

教育是一件系统而专业的工作，家庭教育指导能帮助家长从更专业的视角了解教育、了解孩子，帮助家长从具体的教育细节中抽身，站得更高一点看孩子的表现和自己的教育行为。例如，面对初中生的叛逆与对抗，许多家长认为是孩子太不听话，甚至有些归结在自身太宠孩子，但从专业角度讲，初中生的叛逆与对抗正是他们这个年龄段的重要特征，是他们走进青春期的重要表现，对其独立性与发展自我意识有重要帮助。一旦家长从更专业的视角了解了孩子的发展与表现，在应对孩子的时候就不会措手不及。

**2.教师工作无法游离于家庭教育**

（1）家庭教育指导工作亦是教师重要的工作内容

能够承担家庭教育指导者重任的人员众多，包括一些教育专家、一些家长领袖。但不可否认的是，那些接触孩子较多的专业人士（教师、社会工作者、医护人员等等）是当仁不让的家庭教育指导者。其中，与孩子接触最紧密、家庭教育指导条件最便利的非教师莫属。

从教育实践看，指导家长是教师的责任，处理好与家长的关系是做好家长工作的前提条件。高中教师尤其是班主任教师在家庭教育指导工作中承担更多。教师是承担家庭教育指导工作的主要角色。首先，教师是家长在教育方面最信任的人，信任让家长更乐于接受教师的意见与建议，这是教师家庭教育指导的"特权"。其次，教师在每日的教学工作中能了解每一个学生，在做家庭教育指导工作时有较强的针对性与持久的关注度，在工作中可以根据需要随时联系家长，这是教师在做家庭教育指导工作时得天独厚的条件。最后，教师在多年的教育工作中积累了丰富的教育经验，了解各年龄段的孩子的特点，指导方式也更专业、更真实可信。

（2）教师不能越过家长做家庭教育

家庭教育是在血缘基础上，以亲子关系为基本关系的一种教育，实施教育的主体是儿童的父母或者长辈，而教师要做的是帮助家长提升家庭教育的水平，所以家庭教育指导的对象是家长而不是儿童。

（3）学校教育与家庭教育相互配合才能取得最好的育人效果。

培养健康、快乐的儿童是学校教育与家庭教育共同的育人目标。而实现这样的育人目标，需要学校、家庭、社会"三位一体"合力育人。

教师在做家庭教育指导时要注意儿童所在家庭的家庭教育状况，采取有针对性的措施进行指导，这样才能事半功倍。例如，一位学生的家庭是一个重视家庭教育的书香世家，那么给予家长教育方法上的多样化指导是合适的，否则一直从观念上强调家庭教育如何重要，让家长如何关注孩子的成长就非常不合时宜了。家庭教育也应配合教师的家庭教育指导，积极汲取教师在家庭教育方式及方法方面的指导与建议，并根据实际情况具体实施在自己的家庭教育中。

### （三）教师的家庭教育指导能力

与教师的看家本领——教育教学能力相比，家庭教育指导能力较容易被教师所忽略。同时，由于家庭教育指导是面向家长的成人教育，教师开展工作面临着许多不可控的因素，因而目前教育实践中也的确存在着一些共性的问题，针对教师群体的家庭教育指导专业培训的量也较少、质也不高。从学校有效推进家校合作的角度，提升教师家庭教育指导能力是亟待加以解决的教师专业发展新问题。

1. 学校开展家庭教育指导的问题

学校教育与家庭教育有本质区别。家庭教育独立而有个性，而学校教育集体性较强。学校家庭教育指导多从学校教师的立场出发，从帮助儿童成长的角度提升家长素质。

（1）指导对象缺少针对性和层次性

家庭教育指导的针对性是指，教师针对儿童的具体情况而对家长的个别化指导。家庭教育指导的层次性，则是指教师根据家长及家庭的特点，对家长分层分类进行指导。目前，学校教育在班级教学的现实条件下，无法完全做到面对家庭的"因材施教"。学校家庭教育指导是"集体指导"与"个别指导"相结合，并以"集体指导"为主。每次的集体指导都有一个共同的主题，主题内容由班主任及学科教师决定，家长集体参与学习研究共同的话题。集体指导有助于组织，也有助于家长相互之间交流经验，但由于缺少针对性，家长的实际教育问题不能得到很好的解决。

家长的教育背景、文化程度等都有差别，不同的家长对自身教育能力的信心不同，不同的家长对学校家庭教育指导的需求也不同。比如，文化程度低的家长以学习接受者的角色迫切需要学校的指导，而文化程度高的家长以教育合作者的角色需要学校教育的开放和支持。因此,学校的家庭教育指导者对家长的指导较泛化,缺少层次性,没有照顾到不同教育素质层次家长的不同需求。

(2)指导观念与指导实践不合拍

在基础教育综合改革的浪潮中,学校教育在探索中前进,一方面需要改革现行的课堂教学理念与模式,另一方面也希望改革的理念能得到家长的理解与支持。尽管学校把家庭教育指导摆在了议事日程上,但往往受制于各种因素而将之放在靠后的位置上,学校对家庭教育指导的实践是心有余而力不足。从教师层面来说,科学的家庭教育指导理念,真正贯彻体现到每一位教师的家庭教育指导实践中,也还有很长的路要走。

(3)指导内容的单一、狭隘

能够承担起家庭教育指导重任的场所很广泛,学校是学龄儿童家长接受家庭教育指导的主要场所。学校家庭教育指导的优势在于:其一,教师与家长有较长时间的"交往"与"共事",教师可以随着儿童成长的不同阶段给予家长具体的指导,这样的指导完全不同于有些机构的一次性、随机性的指导;其二,学校作为教育公共服务机构,教师家庭教育指导的公益性让指导者与被指导者有着高度统一的目标——培养儿童健康成长。

但是,学校家庭教育指导的特色也衍生出了学校家庭教育指导的一些不足。比如,学校家庭教育指导的关注点集中在"儿童发展",较少关注"家长成长"。即便聚焦"儿童发展"主题,很多学校也常常重"儿童学习能力"发展,轻"儿童社会性及道德情感"发展。家庭教育指导内容的单一、狭隘严重影响到家庭教育指导的实效。

(4)教师的指导往往受困于家长自身存在的问题

家庭教育指导的对象是家长,即已经形成固定思维习惯和行为模式的成人。改变成人的教育观念,改进他们的教育行为往往是非常困难的。此外,教师面对的家庭教育指导对象多元复杂、层次不一、差异悬殊。比如,家长对子女的期望过高就会导致家长重视智育而轻视德育的倾向,因而大多数家长更加关注教学质量、孩子的学习成绩;有的家长对家庭教育不重视也不投入,往往是孩子遇到问题的时候才开始重视家庭教育,后期干预比较多;家长忙于工作而忽视儿童的成长,隔代教育现象比较多。如若家庭教育指导效果不佳,有时候不能单方面责备教师的指导不力,家长自身存在的问题往往会产生强大的破坏力。这也会影响教师实施家庭教育指导的主动性和自我效能感。

2.教师家庭教育指导能力的不足

(1)教师职前教育中基本缺失家庭教育指导内容

准教师在走上讲台进行有效的教育教学之前,首先应具备一定的知识和技能,这一过程主要在职前教育中完成,即通常意义上的师范教育。目前,我国师范院校开设的公共教育类课程主要是普通教育学、普通心理学,而有关家庭教育方面的课程相对较少。即使开设,这些课程也大多以选修的形式。这种情况导致师范学生在走上工作岗位前,不具备基本的家庭教育以及家庭教育指导方面的理论知识。职前教育中的准备不足,让很多教师在走入学校,开始自身的职业生涯时,与学生家庭进行沟通和指导往往会措手不及。一些外省市的教师,面对海派家庭文化,他们开展家庭教育指导时也常出现"水土不服"的文化冲突现象。

(2)教师职后培养中较少专门涉及家庭教育指导内容

调查结果表明:在受访的教师样本中,约有四成教师在职前学历教育中,完全没有接受过任何家庭教育指导方面的课程学习;而在职期间,教师接受最多的相关培训是校本培训,只有较少部分教师参加过市级和区级的专题培训。目前,教师职后教育的任务大多由区级教育学院这一机构来担当。区级教育学院的师训部门针对本区域教师开展专门的、有较长学时(比如一个学期或一个学年)的家庭教育指导专业培训相对较少。从教师角度来说,"学校教学及管理任务比较繁重,精力有限"是影响教师参加家庭教育指导培训的最主要因素,其次是"培训激励机制不够完善",再次是"培训内容和个人需求不对口"。

(3)学校对教师开展家庭教育指导缺乏足够的支持

学校教师是学校家庭教育指导工作的直接实施者,他们为学生家长服务,提供各类指导。但教师个体在开展这项工作的时候是需要学校的组织支持和校园氛围的。一些学校对于这项家庭教育指导工作是"有虚无实"的,比如典型的支持不力就是学校还没有把家庭教育指导工作作为教师业绩考核的范畴。这也就表明,学校根据相关的教育政策法律法规,要求教师参与家庭教育指导工作,但是教师是否指导、指导情况如何校方并不关心，使得这项工作渐渐沦为教师的个人行为。即使学校对教师开展家庭教育指导工作有一定的要求，如果缺乏监督与管理意识，在实际过程中不对这项工作进行考核，不给教师提供相应的培训机会，就易导致教师步履维艰、孤独地承担这项工作。

（4）家庭教育全员指导实施效果不理想

从全员育人的角度，学校所有的教师应该都有职责做好家庭教育指导工作，全员包括学校里的校长、副校长、班主任、科任教师和所有工作人员。但实际上，学校开展家庭教育指导主力军是班主任、德育教导及部分分管的行政领导。目前，大多数学校没有专职的家庭教育指导教师，班主任承担了大量的指导与服务家长的工作，不仅时间长、任务重，更重要的是教师的指导素养跟不上。很多年轻教师本身就是独生子女，缺乏与家长、学生沟通的技巧，难以应对层出不穷的问题。尤其面对学生叛逆、厌学、早恋等一些心理问题的时候，对家长给予有针对性的专业指导并不是每个教师都能提供的，因此学校需要给予教师适当的专业支撑，比如学校设置专业的人员、打开校门引进区域内的专家资源，以解决资源不足的情况。

## 二、家庭教育中教师的准备工作

高中生年龄一般在 15 至 18 岁，这一阶段的青少年在生理、心理、个性意识、情感以及社会性方面都在快速发展，个体之间的差异性增大。在这一阶段，他们将面临人生最重要的考试——高考。努力把握家庭教育的规律性，做好高中生家庭教育指导工作，是新时代对教师的新要求。一方面，教师要能够正确把握高中生的身心发展特点，及时发现他们在生活与学习中遇到的困惑与问题，予以指导；另一方面，还要多方面了解家长家庭指导的需求，可以有针对性地对那些需要指导的家庭予以观念、方法上的指导，和家长共同陪伴孩子顺利度过这一段人生中最重要的成长时光。

## （一）科学把握高中生的身心发展特点

只有了解了高中生成长发展的特殊性及其表现，教师才能在教学与指导中及时发现问题，做到有的放矢。总体上，高中生的身心发展呈现出如下特点。

### 1. 学生性格发展

从生理与神经系统的发育来看，高中生认知结构的发展趋于成熟，抽象逻辑思维占了优势地位，辩证思维和创造思维有了很大的发展。观察力、有意识记能力、有意想象能力迅速发展，思维的目的性、方向性更明确，认知系统的自我评价和自我控制能力明显增强。

处于该年龄阶段的青少年，看问题能够从多方面考虑，能同时注意到事物的多个角度，对世界的看法比以前更为抽象，更加深思熟虑。他们思维活跃，经常提出问题，不再盲从，对父母的权威经常发起挑战，不喜欢父母的观点强加到自己身上。

### 2. 学生自我意识、独立性增强

根据爱利克·埃里克森（Erik HErikson）八阶段理论，高中生处于"自我同一性和角色混乱的冲突"的阶段。他们自我意识进一步增强，已能完全意识到自己是一个独立的个体。要求别人了解、理解和尊重自己，希望社会认同、接纳自己，自我评价比初中时更全面、客观。但也会出现自我与社会的冲突，有些个体自尊心过强，自我中心突出，遇到挫折时容易出现问题。

这个阶段孩子有较强的自尊心，对于外界的肯定、赞赏或者批评都比较敏感。从这一特点看，要尽量尊重孩子，不要把家长意识强加于孩子，非得按家长的意识要求学生一定要怎样，这样可能会使其产生抵触情绪而适得其反，家长对自己孩子的表现认为不妥的地方要通过耐心的引导来实现。

### 3. 学生情绪、情感发展趋向理性

高中生在情绪情感方面，以外显为主向以内隐为主发展，和初中相比，他们更趋理性，能够克制自己的情绪，但是还不够稳定，有的时候比较容易冲动。他们的情感体验能力大大提高，并能够感受、识别这些体验，但自我调适的能力还不是很好，仍然存在易于情绪化的倾向。

在该时期，高中生会具有比以往更丰富多样的情绪体验，包括积极的情绪，如快乐、喜悦、欢喜等，也包括消极的情绪，如失败感、伤心、郁闷等，这些消极情

绪如果得不到及时的化解，累积起来就会造成严重的心理问题。所以教师和家长都应该细心留意孩子的情绪变化，及时化解他们的消极情绪。

#### 4.学生社会交往范围扩大

根据埃里克森的理论，该年龄阶段的任务是人格同一性发展。在这一阶段，孩子最明显的变化就是希望从社会交往中获得认同，同时交往范围逐渐扩大。这个时候，虽然父母仍旧是他们获得安全感和支持的最重要的后盾，但是，处于该年龄阶段的孩子往往表现出寻求同龄人支持的需要。他们希望能交一些志趣相投的朋友，愿意跟这些朋友敞开心扉交流。

积极向上的"朋友圈"，有助于缓解学生沉重的学习压力，树立信心，保持心理健康向上。所以，教师和家长一定要引导孩子正确交友，告诉他们什么样的朋友是值得"交"的，如何与同学、同伴形成和谐融洽的关系。

#### 5.学生青春期性发育趋于成熟

随着身体的成长和性生理成熟，高中生很自然地会对性的问题感到好奇，对异性感兴趣，喜欢接触异性，喜欢在异性面前表现自己，并希望得到自己喜欢异性的认同与回应。

在这一阶段，和初中生相比，高中生早恋现象增加，但很多学生并不知道如何正确处理与异性交往的问题，尤其是与喜欢的异性交往不顺利的时候，容易心情低落，有的学生可能因此而影响学习。教师和家长要关注孩子是否早恋，并能够合理引导他们如何和异性正确地交往。

### （二）深入了解高中生家庭教育指导需求

青春期之后，父母对孩子的影响力逐渐变小，原来的以父母为主的圈子被打破，孩子开始认识新的朋友，建立自己的新世界。这个时候，父母如何继续扮演好孩子成长道路上"引领者"与"陪伴者"的角色，是需要不断学习的。调查发现，家长们对专业的家庭教育指导的需求正越来越多。针对这些需求，教师要在以下方面开展指导。

#### 1.指导家长和孩子共同适应高中阶段的生活

对刚刚结束中考的学生而言，升入高中不仅是人生的一大转折，在学业要求方面也有很大的变化。学生在学习进度、方法、习惯、心态等方面都有一个逐渐适应的过程，家长也需要了解高中学习生活与初中生活的不同，以便更好地陪伴孩子一起适应高中生活。

新高考背景下，孩子步入高一就要为高考做准备，比如选科以及选择这些科目的考试时间，都成为让学生和家长十分焦虑的问题。因此，要引导家长帮助孩子认识高中与初中学习、生活的差异性，指导家长从孩子的实际出发，给其一个适当的定位，并不断调整自己对孩子过高的期望值；指导家长经常与孩子沟通交流，掌握孩子的学习情况、思想动态，保持与学校的密切联系，了解孩子可能遇到的适应问题并及时解决问题。

### 2.帮助家长正确认识孩子的独立要求

"关系大于教育"，良好的亲子关系是家庭教育的基础。其中，亲子沟通是父母与孩子之间信息交流的过程，也是一种实现家庭教育功能的重要方式。孩子进入青春期后，自主意识增强，不太"听话"；有时还故意与家长和老师"唱反调"；在很多关键选择方面，比如高一选科、高考志愿选择等，父母与孩子之间可能会存在差异而导致亲子关系紧张。

要指导家长加深亲子之间的相互理解，掌握亲子沟通的技能和艺术；引导家长倾听孩子的心声，试图理解孩子，学会换位思考；指导家长学会欣赏孩子，让孩子获得和感受自信；指导家长看到孩子的成长，相信孩子有独立处理事情的能力，尽可能支持他们，在他们遇到困难时，给予安慰和鼓励；指导家长尊重孩子的人格，不使用过分严厉的手段去维持在孩子面前的权威。

### 3.引导家长帮助孩子建立和谐的人际关系

良好的人际关系涉及孩子的自我认识、交往技能、对他人的尊重和对他人帮助的感恩等方面。父母的人际关系及家庭关系对孩子建立健康的人际交往具有潜移默化的教育作用，家庭中的相互尊重、相互合作、平等交流是对孩子进行人际关系教育最重要的环节。

教师要告知父母，要在家庭中营造和谐的氛围，要做到夫妻和睦，家庭和睦；要引导家长支持孩子多参加学校组织的集体活动，在人际交往中学会与人合作；教会孩子尊重他人，会正确处理人际交往中的冲突，对人真诚，以平等的态度对人；

如果孩子在人际关系处理中出现困惑，父母要及时与孩子沟通交流，帮助其分析问题，解决问题。

### 4.引导家长正确看待孩子的异性交往

高中阶段的学生性意识增强，渴望接近异性、了解异性、欣赏异性，并由此引发了各种心理和行为困扰。大多数家长并不反对异性交往，但对"早恋"却小心提防，担心早恋影响了学习，更怕早恋酿成苦果。孩子的秘密家长想窥探，孩子的行踪家长想掌控。但孩子却很讨厌这些，如果逼得太紧，很可能会发生不可控的事情。

教师要引导家长对孩子与异性交往不要过度敏感，更不能以"关心"孩子为理由偷听孩子电话、翻看孩子日记等，这些做法容易伤害孩子的自尊，而无益于问题的解决；要指导家长帮助孩子认识到高中阶段的主要任务是学习，使孩子认识到早恋对自我发展的不利影响，正确进行异性交往；指导家长抓住日常生活中的相关事件，对孩子进行青春期性生理、性道德教育，包括抵制毒品和防止艾滋病等教育。

### 5.引导家长加强"珍惜生命"的教育

高中阶段的生命教育着重于帮助和引导学生形成科学、合理的性生理、性心理和性道德观念，学会尊重他人、理解生命、热爱生命，提高保持健康、丰富精神生活的能力，培养积极的生活态度和人生观等。父母的人格和生活方式会对孩子产生直接影响，科学良好的家庭生活方式是热爱、珍惜生命的具体体现。学习负担"过重"（主、客观）与学习适应不良、理想期望与现实能力之间的差距会造成心理困惑、各种心身疾病（焦虑症、疑病症、神经衰弱、考试恐惧症等）。面临即将到来的高考，家长会不知如何来缓解孩子的情绪。

要引导家长积极营造乐观健康的家庭生活氛围，让孩子感受家庭的温暖和幸福，感受到亲人的爱；家长应该对生活持有积极的态度，敢于向命运挑战，并引导孩子正确面对困难和挫折。家长不仅要关心孩子的学习，更要关心孩子人格的健全发展，要教会孩子怎样做人。

### 6.和家长合作指导孩子在网络面前不迷失自我

沉迷网络已经被列为高中生常见问题之一。网络与信息技术在革新高中生学习生活方式的同时，也带来诱惑，轻者影响学习成绩，重者造成逃学辍学，甚至走上犯罪道路。高中阶段正是为高考奋战的重要关头，是人生观价值观逐步形成的关键期，但很多孩子的自控能力较差，较容易沉迷于网络游戏，这引起了家长们的忧虑。如何引导孩子正确利用网络资源、培养网络道德，提高自控能力应当成为现代家庭教育的重要内容。

预防高中阶段孩子沉溺网络的最有效方法就是要多与孩子互动、沟通，营造温馨和谐的家庭氛围，充分了解孩子的心理需求，并给予关怀；家长要以身作则，在上网时间、上网地点、上网内容、上网方式等方面为孩子作出榜样；家长要在引导孩子把电脑当成学习工具的同时，积极为孩子的课外活动提供条件；家长要关注孩子的异常表现，及时发现孩子在上网方面存在的问题，冷静对待，切忌采取随意粗暴的方法，要着眼于培养孩子的自律能力。

### 7.引导家长及时缓解孩子升学带来的压力

进入高中，孩子的学习压力增大，尤其是新高考政策后，自进入高一起，学生就面临着高考升学的压力。很多学生感到学习竞争激烈，压力大，心情紧张。因此，在这一阶段家长既要关心孩子的学习成绩，更要学会疏导、缓减孩子的心理压力，尽量减小学生的思想压力和心理上的波动，让学生轻松地学习，快乐地学习。

但是，很多家长意识不到孩子因为学业紧张产生的心理压力，更有家长会额外对孩子提出各种各样的学习目标和期望，安排各种课业辅导。这使得孩子更是不堪重负。这就要求高中教师要及时对家长进行指导，帮助他们正确看待孩子的学习压力及其带来的各种可能的问题，使他们能够学会缓解孩子的各种压力。

### 8.引导家长适应高考新政

高考对每个孩子来说，都是一个非常重要的转折点，在这一阶段他们将面临人生最初的也是最重要的选择。在这一阶段，教师要和家长保持沟通，共同研讨孩子的选科问题，教师要帮助家长全面认识自己的孩子，分析孩子的学科学习特点及兴趣点，让家长意识到要尊重孩子的意愿，尊重孩子的选择，并支持孩子为了自己的选择去努力奋斗，帮助孩子树立信心，不断地让孩子感受成功。

## 第二节 借助不同的形式开展家庭教育指导活动

### 一、利用科技手段促进家庭教育指导

随着科技的飞速发展和普及，科技手段已经成为现代社会中不可或缺的一部分。在家庭教育领域，利用科技手段来促进家庭教育指导已经成为一种趋势和必要之举。本节将探讨如何利用科技手段来促进家庭教育指导，以及其中的优势和面临的挑战。

（一）在线教育资源的利用

互联网的普及使得人们可以轻松获取到丰富多样的在线教育资源。家长们可以通过网络平台、教育应用程序等渠道获取到各种形式的教育内容，包括教学视频、教育游戏、电子书籍等。这些资源可以帮助家长了解最新的教育理论和方法，学习如何培养孩子的学习兴趣和能力。

例如，在线教育平台提供了大量的课程选择，家长可以根据孩子的兴趣和需求选择合适的课程，让孩子在家中就能接受到专业的教育指导。同时，一些教育应用程序也提供了互动式的学习内容，使得孩子可以通过游戏等趣味性的方式进行学习。

此外，互联网还为家长们提供了与其他家长交流和分享经验的机会。通过在线社区、论坛等平台，家长们可以相互交流意见，分享教育资源，并给予彼此支持和鼓励。这种互动和共享的方式可以帮助家长们更好地理解家庭教育的重要性和方法，从而提高自己的教育水平。

尽管在线教育资源的利用带来了诸多优势，但同时也面临着一些挑战。首先，家长们需要具备正确的信息筛选能力，确保所选择的在线教育资源和平台的可靠性和质量。其次，家长们需要合理安排孩子的在线学习时间，并注意控制孩子对互联网的依赖。此外，家长们还需要在在线教育中注重与孩子的互动和引导，避免孩子沉迷于纯粹的消费和被动接受。

## （二）科技媒体的利用

除了在线教育资源，科技媒体也是促进家庭教育指导的重要手段。电视、电影、游戏等媒体形式可以作为家庭教育的辅助工具，帮助家长们更好地引导孩子的学习和成长。

电视节目和电影可以提供丰富多样的教育内容。家长们可以与孩子一起观看具有教育意义的节目和电影，通过讨论和互动的方式引导孩子理解其中的道德和价值观。例如，一些纪录片和动画片能够帮助孩子了解自然界的奥秘和人类的历史，培养他们的探索精神和对知识的渴望。

此外，一些教育类游戏也可以成为家庭教育的有益工具。通过选择有教育意义和启发性的游戏，家长们可以让孩子在玩耍的同时学习知识和培养技能。例如，一些益智类游戏可以帮助孩子提高逻辑思维和问题解决能力，而一些模拟经营类游戏则可以培养孩子的计划和管理能力。

然而，在利用科技媒体进行家庭教育指导时，家长们也需要注意以下几点。首先，要合理控制孩子使用科技媒体的时间，避免过度沉迷于虚拟世界而忽视现实生活中的重要事务。其次，要选择适合孩子年龄和发展阶段的内容，避免暴力、低俗或不适当的影响。最后，家长们还应与孩子一起观看电视节目、电影或参与游戏，并及时进行交流和引导，以加强教育效果。

## （三）远程教育的机会

随着科技的进步，远程教育的机会越来越多。远程教育通过网络和通信技术，将教育资源和教学活动传递到家庭中，使家长们能够在家中为孩子提供专业的教育指导。

远程教育的好处之一是可以克服时间和地点的限制。家长们不再需要将孩子送到学校或参加线下培训班，而是可以在家中随时随地进行教育指导。这对于那些由于工作忙碌或其他原因无法亲自参与孩子教育的家长来说，提供了一种便捷和灵活的选择。

通过远程教育，家长们可以选择合适的在线课程或私人教师，为孩子提供有针对性的教育服务。无论是学习基础知识还是发展特定技能，都可以通过远程教育得到满足。此外，远程教育还可以帮助家长们更好地了解孩子的学习进度和需求，以便及时调整教学计划和方法。

然而，远程教育也存在着一些挑战。首先，家长们需要通过合适的渠道选择优质的远程教育资源和平台，以确保孩子能够接受到有效的教育指导。其次，家长们需要具备一定的技术能力，才能正确操作和使用远程教育工具。最后，由于缺乏面对面的交流和互动，远程教育可能无法完全代替传统的线下教育形式，家长们仍需在适当情况下给孩子提供实际体验和社交机会。

### （四）家庭教育中的数字化工具

除了在线教育资源和远程教育，家庭教育中的数字化工具也可以帮助家长们更好地进行教育指导。例如，家庭学习管理应用程序可以帮助家长制定学习计划、记录学习进度，提醒孩子完成作业和复习任务。数字化学习工具还可以提供个性化的学习内容和反馈，根据孩子的学习情况和能力进行精准的教育指导。

数字化工具还包括一些智能玩具和教育设备，例如智能手表、编程机器人等。这些工具结合了娱乐和学习的元素，可以激发孩子的兴趣和好奇心，培养他们的创造力和解决问题的能力。家长们可以通过与孩子一起使用这些工具，引导他们探索、实践和学习。

然而，数字化工具在家庭教育中的应用也需要注意一些问题。家长们需要选择适合孩子年龄和发展阶段的工具，避免过度依赖于技术，给孩子带来不良影响。此外，家长们还需关注数据隐私和网络安全的问题，确保孩子在使用数字化工具时的信息安全。

尽管利用科技手段促进家庭教育指导具有许多优势，但也面临一些挑战。首先，科技本身可能成为孩子们沉迷于虚拟世界和消费型教育的阻碍。家长们需要意识到科技只是一种工具，应该引导孩子正确使用科技，并在使用科技的同时注重培养他们的实际经验和社交能力。

其次，科技手段可能带来信息过载的问题。在互联网时代，家长们面临着大量的教育资源选择，需要有足够的筛选能力，选择合适的资源为孩子提供有效的教育指导。建议家长们在选择在线教育资源时注意质量、可靠性和适宜性，尽量与其他家长和专业人士进行交流和分享经验。

最后,科技手段在家庭教育中并不能完全替代传统的教育形式和家庭互动。家长们仍需保持与孩子的良好沟通和互动,关注孩子的情感需求和心理健康。科技只是一个辅助工具,而真正的教育效果依赖于家长们的关爱和引导。

## 二、利用社区资源促进家庭教育指导

家庭教育是孩子成长过程中至关重要的一环。然而,很多家长面临的问题是如何有效地进行家庭教育。在这个问题上,社区资源起着至关重要的作用。下面将探讨如何充分利用社区资源来促进家庭教育指导,以提高孩子的学业成绩和全面发展。

### (一)社区资源的定义与类型

社区资源是指在社区内能够提供服务、帮助和支持的各种机构、组织和个人。这些资源包括但不限于教育机构、图书馆、博物馆、青少年中心、社区大学等。它们为家庭提供了专业知识、培训和各种学习机会,从而促进家庭教育的指导和实施。

### (二)利用社区图书馆资源

社区图书馆是一个宝贵的教育资源。家长可以带领孩子定期参观图书馆,借阅适合他们年龄和兴趣的图书、杂志和其他媒体资料。社区图书馆不仅可以满足孩子的阅读需求,还可以举办各种活动和讲座,如故事时间、科学实验等,让孩子在轻松愉快的氛围中学习和成长。

### (三)探索社区博物馆和艺术中心

社区博物馆和艺术中心是家庭教育指导的理想场所。孩子们可以通过观看展览、参与互动活动和艺术工作坊来了解历史、文化和艺术的知识。这些经历不仅可以激发他们的好奇心和创造力,还可以培养他们的观察力、批判性思维和表达能力。

## （四）利用社区体育设施和组织

社区体育设施和组织为家庭教育指导提供了丰富多样的机会。家长可以带领孩子参加体育俱乐部、运动队或社区组织的活动，让他们学习团队合作、领导技能和认识身体健康的重要性。此外，社区组织还应经常组织各种社区服务和义工活动，让孩子们积极参与社会公益事业，培养他们的责任感和社会意识。

## （五）社区资源利用中的挑战与对策

尽管社区资源对家庭教育指导有很大的帮助，但也存在一些挑战。首先，家长们需要主动了解和利用社区资源，而不是被动依赖技术和在线资源。家长可以通过与其他家庭和教育专业人士交流，获取更多的信息和建议。

其次，社区资源可能受到限制，包括时间、地点和经济条件等。家长们需要合理安排时间，安排参观和活动，同时探索其他渠道来获取资源支持，如在线资源或与社区合作伙伴合作。

最后，家长们还需要关注社区资源的质量和有效性。并非所有社区资源都能够提供高质量的教育指导。家长们应该对社区资源进行评估，选择那些具有良好声誉、专业知识和经验丰富的机构或个人提供的服务。此外，家长们可以参与到社区资源的规划和评估中，与相关机构合作制定更加符合家庭需求的项目和活动。

此外，不同家庭的需求和教育观念也可能存在差异。因此，在利用社区资源进行家庭教育指导时，家长们需要充分了解自己的孩子和家庭情况，选择适合自己家庭的资源和方法。同时，家长们应积极与其他家长和专业人士交流，分享经验和借鉴他人的成功实践。

最后，政府和社区组织应该重视社区资源的建设和发展，为家庭教育指导提供更多支持和投入。政府可以通过增加资金投入、提供培训和支持计划等方式来促进社区资源的发展。社区组织可以与教育机构、企业和志愿者等合作，共同推动社区资源的建设和提供更多的家庭教育指导服务。

社区资源对于促进家庭教育指导起着重要作用。通过利用社区图书馆、博物馆、艺术中心和体育设施等资源，家长们可以提供丰富多样的学习机会和活动，帮助孩子们全面发展。然而，在利用社区资源的过程中，也需要关注资源质量、家庭差异和政府支持等方面的问题。只有合理利用社区资源并与相关人员合作,才能最大限度地提高家庭教育指导的效果,为孩子们的成长和发展创造更好的环境和条件。

## 三、以家长会的形式促进家庭教育指导

### (一)成功家长会的基本要素与重要环节

家长会作为传统的家校合作方式,仍是教师和家长间交流学生情况、共同寻找教育方法的有效途径。各年级每学期至少要召开一次家长会,以双向互动为纽带,架起学校与家长、家长与家长之间沟通的桥梁。成功的家长会以三个"有利于"为特征,也是家长会的目标,即它有利于学生身心健康发展,有利于增进家长对学校的了解和支持,有利于老师与家长、学生的相互交流与协作。

成功的家长会没有固定的模式,但包括一些基本的要素,比如在长时段内,对家长会的组织有一个整体的规划,具体到某一次家长会,则应该有明确的目标设定、有清晰的主题设计,还要认真设计整个家长会的各个环节,这样才能保证整个家长会的效果。

1. 长程设计家长会内容

建议教师从整个学年甚至扩展至整个高中时期的教学任务以及学生不同阶段的成长需要,在一个较长时间段内设计家长会内容。

每次家长会,都应该让家长有所收获,作为教师,不但要把眼光放在班级的管理上,更应该为孩子的长远发展而考虑。对于教师而言,虽然每个学期开的家长会次数并不多,但是每一个教师最好能够根据高中三年的学习任务,并考虑到每个学年、学期不同的学生发展要求,系统规划、整体设计每一学期、每一学年的家长会。教师要对每一学年、每一学期的家长会要解决什么问题、达到什么目标有清晰的定位,具体到每一次的家长会,则必须有明确目标。

2. 确立清晰的目标与主题

每一次家长会都应该具有清晰的目标与主题。教师应该从三个"有利于"出发,设计每一次家长会的主题。一场家长会可能有一项内容,也可以有多项内容,但每

一项内容都是在教师的预想构想之中的。

（1）以促进家校沟通为主题

以促进家校沟通为主题，让家长对学校校风、班级班风有深入的了解。孩子升入高中的第一次家长会特别重要，因为这是教师与家长的第一次见面。教师要在这一次家长会上向家长介绍学校的教育理念与办学思路。同时，还要向家长阐述自己的工作思路、班级管理目标。通过第一次家长会，达到家长对学校办学理念的理解与认同，这有利于接下来三年内的持续的家校合作。

（2）以促进亲师交流为主题

以促进亲师交流为主题，让家长了解孩子的情况，促进教师与家长的互相了解。教师可以在家长会上介绍班级常规事项，例如班级活动、班级管理、学业成绩、家长支持等，以及反映学生的进步以及存在的问题。对教师而言，家长会也是一个很好的窗口，可以通过观察家长的穿着、谈吐、礼仪，据此了解家长的文化水平、家庭教育观念等，从而有的放矢地对那些需要帮助的家庭给予针对性的建议。

（3）邀请学科教师参加家长会

可以邀请学科教师参加家长会，让家长了解学科教学情况，更好地配合教师做好教学工作。班主任可以邀请各学科教师在家长会上介绍本学科的教学重点、难点，学生的学科学习情况，以及需要家长协助完成的有关事项，让家长能够及时了解孩子的学习成绩以及如何配合教师，共同促进孩子的学业。

（4）以家庭教育辅导为主题

以家庭教育辅导为主题，提升家长的家庭教育观念与意识。教师可以提前根据本班家长的家庭教育需求，如选科指导、学科指导、高考志愿填报等问题，由自己或者家长邀请专家，为家长开设相关家庭教育主题的讲座。也可以邀请家庭教育咨询师，为家长提供具有针对性的问题诊断与指导。

（5）可以成为优秀家长的经验分享会

家长会可以邀请一些优秀学生的家长现身说法，介绍他们的经验和做法。实践证明，这是一种非常受欢迎的家长会形式。因为同一班级的学生家长的经验对其他的家长来说会感觉更可信，也更可学。

**3. 周密设计，精心准备**

（1）周密设计家长会的程序

教师是会议的组织者，对家长会的程序要认真研究、周密设计，以充分调动家长参与的积极性，更好地达到预定目的；设计程序时可考虑以下几个方面：开场白说得自然、有启发性，切入正题要自然。主要议题由浅及深，要使大家积极参与，营造出一种民主气氛。

（2）做好准备工作，灵活确定家长会的时间

准备工作包括准备课件、发通知；印制相关需要发放给家长的材料；准备向家长汇报、展示的各种材料；准备家长意见反馈单等，班级的会场要布置得井井有条。必要时，可以动员学科教师、家长和学生做好相关准备工作。

**4. 及时反思，深入总结**

家长会结束以后，教师要及时反思本次家长会的效果，可以通过会后与家长交流和学生沟通，了解家长们的反应。另外，对于家长会提出针对学生情况的问题，也要及时关注。

## （二）教师在家长会上应该注意的要点

一场成功的家长会对教师的要求非常高。在家长会上，教师作为学校的"形象代言人"，应该做到尊重每一位家长，注意自己的姿态、礼仪，要自信而且还要赢得家长的信任，要善于应对家长会上一些突发的事件。

**1. 尊重、理解每一位家长**

首先，应该尊重每一位家长，对每一位家长都心怀敬意；其次，教师要真心理解每一位家长对自己孩子的爱护之心，理解他们一切为了孩子的"父母心"；再次，要平等对待每一位家长，无论这位家长的学历、收入、社会成就如何，从一个人的角度，教师和家长都是平等的，决不能歧视任何一位家长。

**2. 注意自身形象，用语礼貌、恰当**

家长会上要有良好的形象与姿态，着装应得体、大方、优雅，不可太花哨以及暴露较多，态度要和蔼而谦逊。在语言方面，要用词恰当，语句流畅，语气温柔而不失幽默感。要多用正面语言，尽量不用"不能""不要""不行"等消极性语言

对家长提出的意见要做出积极回应,说话要把握好分寸,对于一些敏感的问题要慎重,对于学生的评价应该以鼓励为主,勇于面对工作中存在的问题。

3.体现专业自信,但又不能高高在上

在家长会上,无论面对什么样的家长,一定要体现出自己的专业自信。要以自己丰厚的专业知识和工作经验,为家长分析当前高中阶段孩子的发展特点,尤其是在新高考政策下,他们要面临的各种选择与挑战。同时,在体现自己专业性的同时,也不要以教育专家自居,或者在交谈中使用过多的专业术语。教师最好能用通俗易懂的语言与家长真诚地交流,让家长觉得亲切、可亲,这样才能得到家长积极的理解、支持和配合。

4.营造民主氛围,切忌不能成为"一言堂"

传统的家长会是校方的"一言堂",教师一股脑讲述很多内容,而家长只是长时间被动听讲,会上家长基本上没有机会发表意见,实际能听进去多少是个未知数。在这样的家长会上,教师是绝对主角,家长没有多少发言的机会,双方相互交流研究问题不多。所以,教师要营造民主和谐的气氛,不能让本应相互协调沟通的家长会变成教师的"一家言",家长会不应是教师的"独角戏",而应该是大家共同的交流场。

5.尽量兼顾普遍性与个别性问题

为了提升家长会的效率,教师应该在家长会上清楚地介绍班级管理、孩子的学习情况、今后的工作安排等这些所有家长都关心的问题。

同时,教师也要能够在家长会上反映部分学生的特殊问题或个别学生的个性化问题。因为家长来参加家长会,更想了解自己孩子在学校的具体情况。

## 四、以沟通的形式促进家庭教育指导

著名教育家苏霍姆林斯基指出:"学校和家庭是一对教育者。""家庭是学校重要的合作伙伴"。只有家校合作,才能共同唱好教育的交响曲。

## （一）教师与家长沟通的原则、内容与方式

与家长沟通，需要教师站在家长的立场，认真倾听家长的问题，了解不同类型家庭的家长需求，尊重家长愿望，学会换位思考，想家长之所想，急家长所急，共同探讨教育孩子的最佳方法，有针对性地予以建议。

### 1.沟通的原则与策略

（1）接纳尊重，真诚平等

"接纳尊重，真诚平等"是教师与家长沟通的第一原则。"接纳尊重"指的是无论学生家庭和家长的情况多特殊，他们的教育理念可能有多么不"科学"，多么违反"常理"，教师也必须能换位思考，以父母之心理解家长，理解家长是出于对自己孩子的关心，不带任何偏见去接纳家长，并以真诚平等的态度与家长沟通。

（2）善于倾听，换位思考

成功的教师往往是一个很好的倾听者。他们善于倾听来自家长的声音，借助家长的力量，提高教育教学的有效性。在交流的过程中，教师要能够换位思考，设身处地为家长着想，与家长一起寻找解决孩子问题的有效方法。

（3）了解家长，形成合力

不同的家庭拥有不同的风格，家长也是如此。因此，与家长沟通时，教师要了解家长的特点，以便家校合作，营造教育的双赢。面对"溺爱型"的家长，教师要肯定孩子的长处，寻求与家长的共鸣，同时委婉地指出学生潜在的缺点，让家长意识到教师对孩子的关心、爱护，从而寻求一种双方都认可的方式对孩子进行教育；面对"甩手掌柜"型的家长，教师要多报喜，让家长从"自我"的世界里走出来，更多争取到家长给予孩子的关注目光，让孩子感受到家长的爱。

（4）提升自身，赢取信任

要赢得家长们的信任，教师就要努力提高自己的教育教学能力。既要不断充电，勤于反思教学的得失，找出适合不同班级的管理方法，又要不断提高自身综合素养，提升个人人格魅力，做一个让学生、家长、领导放心的好老师。

### 2.沟通的主题与内容

一般而言，教师与家长沟通的目的主要是围绕以下三个维度开展：了解孩子个体发展经历、个体特点和发展需求；了解孩子的家庭教养状况和原生家庭背景；传

递给家长孩子在校情况，包括学习状况、在校活动、与人交往情况、出现的问题等。

3.沟通的方式与途径

沟通的形式包括：家访、邀请家长来校单独交流、电话等传统的沟通方式，也包括 QQ、微信、学校专辟网站家校互动板块，某些 APP 如"晓黑板"等新媒体沟通方式。教师可根据孩子和家庭的实际情况和需求、所沟通内容等采取适合高效的沟通方式。

## （二）主动发现问题，及时与家长沟通

所谓主动发现问题，就是指教师要在平时的班级日常管理中做个有心人，能主动地发现学生的问题，第一时间和家长沟通，而不是等着家长向教师反映了才被动地去关注、解决。

1.善于观察，及时发现"端倪"

高中阶段，学生担负着沉重的学业负担和升学压力，在这种情况下，有不少学生的心理、情绪等方面易产生各种问题，而这些问题可能又会导致学生成绩退步，而成绩退步又可能加重学生的心理焦虑。这些问题都会在学生的日常学习生活中反映出来，教师应该善于观察，尽量关注到每一个学生，及时发现他们身上那些会影响他们学习成绩、心理健康甚至会影响到人格发展的各种"端倪"。并及时与家长沟通，家校双方共同寻求真正解决这些问题的有效方法。

2.指导家长建立融洽的亲子关系

高中生处于青春期，高中生家长则大部分进入"更年期"，当青春期遇到了"更年期"，不少家长会面临亲子关系紧张等问题，从而导致了亲子沟通障碍与家庭矛盾。想要缓解这个矛盾，教师首先要了解学生的家庭状况、家庭模式，同时也需要掌握并运用沟通技巧。

最重要的是，要从源头上引导家长了解高中阶段孩子的身心发展特点，比如可以通过推荐相关书籍的方式，让他们知道孩子随着年龄增长，独立意识逐渐增强，因此一定要改变与孩子沟通相处的方式。

3.引导家长正确看待孩子的学习成绩

高中生的成绩直接关系着将来能够考上什么大学，家长自然非常在乎孩子的学

习成绩。在孩子成绩较差时,很多家长会直接数落孩子,没有意识到这样的话语其实是非常打击孩子的自信与自尊的,并不利于他们成绩的提高。教师要意识到这个问题,针对这样的家长,首先要引导他们认识到自己的这种错误做法给孩子带来的负面影响;其次,正确看待孩子的考试成绩,帮助孩子分析考试没有考好的原因,家校携手共同制定具体的计划,帮助孩子提高成绩。

另外,教师可以以班级或年级为单位,与心理老师、学生会合作,使家长在关注成绩时也能看到孩子其他方面的收获,了解其行为习惯和心理需求,了解其在集体中被认可的程度和教师的期望,从源头上引导家庭正确认识学生成长的多元要素与生活的意义。

### (三)协调、处理班级学生家长之间的关系

摩擦是同学之间经常会发生的事情,有时是因玩笑而起,有时候是因为各种意外,但是每个孩子都是家里的掌上明珠,很多时候,家长也常常因为掌握的信息较为局限,容易做出主观判断,从而导致两个家庭之间的矛盾。这个时候,教师不仅要合理处理孩子之间的纠纷,还要正确处理家长之间的矛盾。

#### 1.引导"偏袒"自己孩子的家长

青春期的学生比较容易冲动,控制不住情绪,有时会由于一些琐事引发不愉快的事情,通常他们都会自行处理。但有个别的学生家长因为信息掌握不全,觉得自己孩子受欺负了,吃了亏,家长就会找到学校,甚至找到相关孩子的家长,从而引发矛盾。

首先,教师应该从多个途径了解事件的真相,尤其是孩子自己的想法,以掌握"事件"的来龙去脉;其次,了解"偏袒"家长的家庭状况,设身处地去理解家长的一些看起来"蛮不讲理"的行为,知道他们为什么这样做,这样有利于找到针对性的应对方法;再次,要用各种方式把事件发生的实际情形告知家长,让家长了解真相,从而得到对整个事件的正确判断;最后,要在整个事件的过程中,有意识地让家长认识到自己在教育孩子方面的问题所在。

#### 2.指导家长正确看待孩子之间的交往

有时,在孩子看来原本并无不妥的相处方式可能在家长眼中已经有些过分;有

时，同学间的打打闹闹在家长眼中却成了伤害自己孩子的行为。教师要引导家长正确认识高中生的交往特点，引导他们认识到这一阶段的孩子有自己的独立意识，不要对孩子管控过严，要相信他们可以自己处理好与同学的关系，而且他们也是在这种同学交往中慢慢成长的。

3.协调学生与其他任课教师的冲突

大部分孩子在家中是"六个大人围着转"的状态，在这样的成长背景下成长起来的孩子，对人际交往中矛盾冲突的价值判断往往存在偏颇，一旦与同学、老师发生纠纷，往往只看到对方的错误和不足，却丝毫看不到自己在此过程中的问题。如果这样的学生和任课教师发生矛盾时，教师可以从以下方面着手：

（1）了解事情的完整经过，尤其是要从当事学生自身、现场同学和任课教师等多方面了解情况。在此基础上，引导学生认识到自己身上的问题。

（2）积极和家长沟通，寻求家长的支持。有的家长认识不到孩子以自我为中心的问题，有的家长知道孩子存在这种倾向。如果家长认识不到，还要告诉家长这种以自我为中心的错误思想对孩子的成长是不利的；如果家长知道这个道理，则要和家长共同商量如何才能通过事件的解决，教孩子学会反思自身，从多个角度看待问题。

# 参考文献

[1]吕莹璐,陆雅君.心理健康与自我成长[M].苏州:苏州大学出版社,2018.

[2]熊焰.基于网络环境的高校学生心理健康教育研究[M].北京:北京工业大学出版社,2019.

[3]李国强,谢平英.心理健康教育课程设计与开发[M].湘潭:湘潭大学出版社,2017.

[4]宋占美,高瑾.家庭教育学[M].北京:现代教育出版社,2016.

[5]刘静,李金瑞.教师家庭教育指导实务 高中版[M].上海:上海社会科学院出版社,2018.

[6]边玉芳.心理健康[M].杭州:浙江教育出版社,2017.

[7]方展画.心理健康[M].杭州:浙江教育出版社,2017.

[8]田孝民.心理健康[M].北京:北京邮电大学出版社,2016.

[9]李靖,戴文胜.心理健康[M].成都:电子科技大学出版社,2014.

[10]李美华.心理健康[M].长春:东北师范大学出版社,2011.

[11]乔玲,王学.心理健康[M].天津:天津大学出版社,2011.

[12]徐晓虹.心理健康教育改革[M].济南:山东友谊出版社,2022.

[13]乔瑜,王云,童放.心理健康教育导论[M].武汉:华中科技大学出版社,2022.

[14]阎晓军.心理健康教育[M].沈阳:东北大学出版社,2021.

[15]李秀玲,马东霞.心理健康教育[M].济南:山东科学技术出版社,2021.

[16]张萍.大学生心理健康教育[M].重庆:重庆大学出版社,2022.

[17]王清,王平,徐爱兵.大学生心理健康教育[M].苏州:苏州大学出版社,2022.

[18]王坚,谢康.大学生心理健康教育[M].苏州:苏州大学出版社,2022.

[19]王珲.大学生心理健康教育[M].北京:北京理工大学出版社,2022.

[20]李堂兵，姚颖，唐维晨.心理健康教育[M].天津：天津人民出版社，2020.

[21]张娜.大学生心理健康[M].北京：中国言实出版社，2020.

[22]杨健梅，于昊，杨见奎.大学生心理健康教育[M].北京：九州出版社，2021.

[23]王慧芳，董雪.大学生心理健康教育[M].北京：清华大学出版社，2021.

[24]胡锐.新时代大学生心理健康教育发展与研究[J].才智，2023(26):111-113.

[24]范文娟.高中生心理健康教育与家庭沟通模式的关系探究[J].当代家庭教育，2023(18):42-45.

[25]崔志祺.积极心理学在高中心理健康教育活动中的应用策略[J].智力，2023(26):152-155.

[26]周玉峰.高中学生心理健康教育存在问题及对策分析[J].中学课程辅导，2023(26):42-44.

[27]赵一萌.例谈高中心理课的实施困境及应对措施[J].中小学心理健康教育，2023(24):33-35.

[28]周玉峰.如何提升高中心理健康教育效用[J].智力，2023(24):158-161.

[29]骆翠妙.积极心理学视角下高中心理健康教育的优化分析[J].新智慧，2023(22):41-43.

[30]刘佳颖.新媒体时代高中心理健康教育的创新路径[J].中小学心理健康教育，2023(22):71-73.

[31]史玉红.高中学生心理健康教育的策略研究[J].求知导刊，2023(20):14-16.

[32]古孝薇.核心素养背景下高中心理健康教育模式实践[J].中学课程辅导，2023(17):9-11.

[33]李娟.聚焦心理健康教育 提升教师工作实效[J].中学课程辅导，2023(17):33-35.

[34]邹婉云.当前高中心理健康教育存在的问题与对策分析[J].求知导刊，2023(15):89-91.

[35]孙红霞.探究加强高中生心理健康教育的有效策略[J].华夏教师，2023(15):26-28.

[36]张裕遵.高中生心理健康教育模式的重构思考[J].教学管理与教育研究，

2023(09):115-117.

[37]沈锦艳.高中心理健康教育工作中的挑战与突破[J].智力，2023(14):151-154.

[38]胡阳.高中心理健康教育优化策略分析[J].高考，2023(06):95-98.

[39]白志荣.基于高中德育与心理健康教育的融合策略[J].吉林教育，2023(07):21-23.

[40]赵理珍.基于高中心理健康教育现状及解决方法分析[J].学周刊，2023(03):151-153.

[41]叶静.高中心理健康教育有效开展的策略探究[J].考试周刊，2022(52):7-12.

[42]杜惠影.如何在高中数学教学过程中渗透心理健康教育[J].2022 现代教育课程建设与教学改革论坛论文集（二）:107-111.

[43]邹银.高中心理健康教育工作有效开展的策略探究[J].名师在线，2022(30):34-36.

[44]陈枫兰.高中心理健康教育工作有效开展的策略探析[J].高考，2022(22):55-57.

[45]张荣彩.解读优化高中心理健康教育教学的必要性及对策[J].高考，2022(19):134-136.